第一吗 日本还是

Is Japan
Still Number One

Ezra F. Vogel

［美］傅高义　著

沙青青　译

上海译文出版社

目　录

序 言

自《日本第一》的出版在工业发达国家的政治经济领袖中引起一阵轰动，已经过去二十多年了。在二十世纪七十年代末的美国，这本书在一些国会议员和经济领导者群体中起到了号召作用，促使他们必须一步步地去改善美国国内不断受到抨击的经济状况。另外，他们还担忧美国会在与日本等国家的竞争中败北。

日本的经济巨擘看上去都是不可战胜的。他们的造船工业在世界市场中处于支配地位。他们的电子工业几乎每周都在推陈出新。比如，索尼随身听让人们在慢跑或走在街头时享受音乐，使之成为一种高度个性化和个人化的活动。越来越多的美国人成群结队涌向日本车企的代理商，把丰田或日产汽车开回家。日本人不会错，至少看起来如此。

《日本第一》横扫书市十一年后，日本的经济泡沫却破灭了，曾经不可一世的日本巨兽猛地一头撞在了岸边的巨石上，接着又看似无助地搁浅在沙滩上。日本随后面对的就是扑面而来的漫长的衰退期，世界主要经济体开始不把日本作为一个可靠的经济体放在眼中。

这次，似乎日本什么都做得不对。银行和金融界的重大丑闻动摇了公众对企业界和政府本身的信任基础。到那时为止，一向信誉良好的银行和金融机构的破产震动了整个日本。

日本的经济持续衰退，且又似乎无力进行必要的改革，以使其在全球市场重获竞争力。这让我在日本举行演讲的任务变得更具挑战。无可避免的是，听众席上总会有人站起来提问道："傅高义教授，您现在后悔写下《日本第一》吗？您哪里出错了吗？"

其他人也问过类似问题。我却很感激有这个机会能做出全面的回答。

我从未后悔写了《日本第一》这本书。相反，当我翻阅我在书中所写到的内容时，我相信这是对当时的日本正确的描述，也是对这本书出版后二十世纪八十年代发展趋势的预测。一些人误解了我想传达的信息，因为他们只读取了书名。我从不认为日本是世界上最大的经济体。我所写的是日本人在很多领域都做得相当不错，他们的很多成就也确实是世界第一。例如，他们的基础教育水平是世界最好的，他们是全世界范围内收集资料的能手，他们的犯罪率是全世界最低的，他们的官僚机构广纳贤才。同时，以国际标准来衡量，他们的企业拥有高水平的忠诚度。我相信二十年前我所描述的是正确的，而且时至今日那些描述中的大部分仍旧正确。

如果你问接着发生了什么，最基本的答案是：当日本人在追赶的时候，他们所创造的优点和组织为他们提供了很好的便利。但是现在他们已经追赶上了，就必须适应一个崭新的全球化阶段。在起初的十年至十五年内，日本国内的这些组织需要进行修正，但日本人迟迟未做。

日本人对开放金融领域、处理银行贷款，以及在培养足够多的、有胸怀和勇气领导全局的政治家等诸多方面，都显得动作过于缓慢。上述这些和其他很多因素都亟待关注。

不过日本人并没有陷入危机。虽然很多身处海外的外国人错误地认为日本正面临灾难，处于大萧条中。

我从一名被公司派往巴基斯坦的日本商人那里听到过

一个故事。他谈完生意在去机场的路上，出租车司机问他："你回日本后，粮食够吃吗？"

如果周日去逛日本百货公司，根本不会感觉到日本正深陷于黑暗持久的萧条之中。很多外国人不能理解为什么日本依旧能如此活力高效。他们也不会意识到，日本仍有优势和能力使其回到经济强国之列，并且确信将修正自己的经济以满足全球需要。在一些机构中，日本的士气比过去二十年前低落了很多。但以全世界标准来看，日本的犯罪率仍然十分低，且拥有乐于奉献、认真尽责的工人，他们坚信社区的重要性。

其二，我在《日本第一》中所写的内容都基于扎实的研究。在四十年的研究生涯中，我一直致力于对日本、中国及"亚洲四小龙"有更多的了解。我尝试对这些国家和地区的民众、结构和问题进行系统性考察，并与这些让我产生共鸣和激发深层感情的人事建立了情谊。我的目的之一是向人们展示这些国家和地区的领导人与民众是如何面对由内部和全球政治、社会、经济改变所带来的挑战。基于自己的观察和研究，我有时候会为政府和国家的管理提供规划建议。我会问自己一些基本的问题："今天发生了什么？""哪些人或哪些事物是促使其发生的系统性因素？""会带来什么结果？"

在所有的研究中，我试图针对日本与其他亚洲国家及地区的民众和结构作出一个详细的描述。我非常幸运能在这些亚洲国家和地区经济起飞前到访过，并有幸见证他们经济起飞时以及其后的状况。我的著作就像一个国家在某一时刻的一张照片，《日本新中产阶级》是聚焦一九六〇年日本的一张照片，《日本第一》则是一九七九年日本的照片。当然也有不同阶段的中国（广东）和"亚洲四小龙"的照片。现在，我想更新这些照片。因为当《日本第一》在日本和美国引起轰动后，我愿意在今后几年内回答有关它的问题。不过我相信，当日本着手处理问题时，机会将再次到来，所有国内外的民众都会再次认识到日本的长处。

第一章　缘起

　　二十世纪五十年代中期，我还是哈佛博士生时，日本对我还毫无吸引力。我将研究重心放在家庭与心理卫生。为了博士论文，我曾采访一些家庭中的丈夫，作为研究项目的一部分，我的研究项目是比较拥有正常儿童的家庭和失常儿童的家庭，样本来自波士顿地区的意大利裔、爱尔兰裔和传统美国人社群。

　　在我的论文导师弗洛伦斯·克拉克洪（Florence Kluckhohn）把我叫去之前，我从来没有真的想过去日本。克拉克洪博士和她的丈夫克莱德·克拉克洪（Clyde Kluckhohn）是当时人类学和社会学领域杰出的学者。[1]她与约翰·施皮格尔（John Spiegel）在价值取向和潜在作用上对我进行了田野调查训练。当她把我叫过去时，她说：
"你应该意识到自己视野太褊狭了，你从来没去过海外任
何地方。如果你想要客观地看待美国社会，就真的应该去
国外感受不同的文化。在你取得博士学位后，你应该去另
一个较美国有巨大文化差异的国家。"

另一位教授，威廉·考迪尔（William Caudill）博
士[2]，知名的人类学家，他已经在美国和日本做了大量有关
心理卫生领域的工作。他花了一年时间在日本学习，与心
理卫生领域的学者一起工作。他还娶了一位日本太太，叫
永井美惠。当我开始做他的研究助理时，他正好从日本学
习回来不久。

考迪尔和我聊了日本以及他在那边的工作，并鼓励我
去日本做博士后研究。他还承诺，如果我去日本，他会带
我了解那边的情况。显然，日本是一个与美国文化非常不
同的国家。

我和我的前妻苏珊娜讨论了克拉克洪博士的建议，苏

1　克莱德·克拉克洪及其妻弗洛伦斯·克拉克洪是最早一批提出文化
　研究理论的人类学家。"克拉克洪—斯托特柏克构架"曾经在跨文化
　研究领域具有广泛的影响力。

2　威廉·考迪尔早在1950年就出版了一本比较日美社会文化的专著，
　之后研究兴趣转向心理卫生，关注社会文化对人心理卫生带来的影
　响。他被公认为是医疗人类学领域的奠基人。

珊娜是一名精神疾病领域的社会工作者，她与我一样对心理卫生有着浓厚兴趣。当时，我们的第一个儿子戴维还很小，因此要搬去一个文化完全不同的国家，任何一个举动都需要深思熟虑。苏珊娜答应和我一起去日本并学习日语。而当我去采访丈夫们时，她可以同时采访妻子们。如果我们能得到基金会的支持，就可以共同研究日本家庭。

我给研究与精神病学基金会写了一份研究经费申请书。正如我在《日本第一》的序言中所说的那样：我打算以一名社会科学家的身份探寻跨文化的家庭与心理卫生的普遍性问题。研究与精神病学基金会问我他们为什么要资助一位社会学家从事人类学领域的工作。好在最终他们还是认可我的申请并同意资助我两年。第一年是语言学习，第二年是家庭采访。

考迪尔帮我们在日本心理卫生研究所作了安排，解决了日常的办公场所，还给了我们正常工作人员的优待。据我所知，我和苏珊娜是第一次作为非日本人在这个研究所获得如此待遇。

决定去日本后，我便参加了一个速成班，以熟悉日本与日本人。我开始坐在了解日本的课堂里，还请了一位日本学生有马龙夫（他后来成为一名大使）做我的日语家庭教师，同时阅读与日本相关的新书和期刊，比如本尼迪克特的《菊与刀》。

　　在我赴日本的一个多礼拜前，罗纳德·多尔（Ronald Dore）[1] 来了波士顿。他曾因写作《日本的城市生活》在日本待过几年。我和他碰面时，他刚完成书稿。我们熟络后，他非常友善地让我提前阅读了这本当时尚未出版的书。当我读的时候，一直在想："太精彩了，我学到了太多关于日本都市生活的东西。"我清楚地记得那一刻令人难忘的震惊感："天哪！在日本家庭领域，还剩些什么研究可做啊？"结果是，我了解到还有大量的研究工作要做，也与这位极受尊重的罗纳德·多尔一直是非常好的朋友。

　　一九五八年，苏珊娜和我带着年幼的儿子抵达东京羽田机场。从到达第一天开始，我便对这座今后两年会在此安家的城市开始了观察。

　　一九五八年日本的生活，与日后的逐渐变化相比，更简单，节奏也更慢。表面上，就我当时所看到的景象，没有任何迹象显示日本将在二十世纪七十年代末崛起，成为世界上最成功、最具活力的经济体。当时东京的大小马路仍是泥土路。马路上汽车很少，而且其中大部分都是进口

1　罗纳德·多尔是美国当代研究经济社会的专家。20 世纪 70 年代，因对英国生产模式与日本生产模式的比较研究而享誉学术界。之后，著有《企业为谁而在：献给日本型资本主义的悼词》。

车。街道上除了公交和出租车，显得非常空荡。当时，出租车费用根据车子大小分成六十日元、七十日元和八十日元三种，地铁还只有银座线。当然了，山手线已开通运行。苏珊娜和我对日本铁路系统印象非常深刻，因为火车非常准时，班次也多。

由于担心地震，那时最高的建筑只有八层楼高。建筑公司也还没有信心造更高的建筑。不过，很显然，让我们惊讶的是，在东京没有看到任何被炸毁的建筑和瓦砾。前往日本途中，我们在英国还看到了二战时遗留下来的断壁残垣。而抵达东京后，城市已清理干净，也许会在一些地方看到空地和阅兵场，但见不到战争留下的瓦砾。

在日本的第一年，我们住在涩谷的一幢房子内，这是考迪尔拜托一位心理卫生研究领域的朋友——土居健郎博士帮忙找的，房子离他自己家很近。土居健郎是著名的精神病学家，写过一篇名为《娇宠：读懂日本人格构造的一把钥匙》(*Amae: A Key for Understanding Japanese Personality Structure*)的论文。[1] 关于"娇宠"（甘え）的

---

1 日语中的 Amae（又译为"依赖"），史密斯将它定义为"依靠他人的好意"，是一种高度的信任，能让人与伴侣、父母甚至自我间的亲密关系得以更进一步。或如土居健郎所说，这是一种"将对方的爱或善意视为理所当然"的情绪。这是一种孩子气的爱，正如它的另一种翻译所展现的那样，"举止如同被惯坏的孩子一样"。

概念，他解释说："这是将对方的爱或善意视为理所当然，并期待对方能照顾自己的想法或情绪。"我们也非常幸运能与土居健郎博士和他的太太成为邻居。他们成了我们最好的导师，向我们解释日本人一些难以为外人理解的态度和行为。

我们每个月需要付二万五千日元的房租，按照当时日元汇率（三百六十日元兑一美元）换算下来，大概月租不到七十美元。然而，我们的日本朋友认为，这个房租略微有点高："可能因为你们是外国人，所以要价比较贵。"

我们住的地方与我们研究的日本家庭所居住的房子很像，正如我在《日本新中产阶级》一书中所描写的那样："所有的房屋都是未加粉刷的原木平房，环绕着精心设计的小花园，筑以高高的围墙与外界相隔离。通常房子总有一面或两面是向阳的，安装上玻璃移门，白天可以打开，让阳光和空气穿透室内。到了晚上，把玻璃门外的移动木门关上，用以阻挡雨水、寒气、昆虫和盗贼。总的来说，建筑简洁朴实，薄墙、尖顶、小窗户，没有地下室。每户人家一般会有三到四个房间，房间之间用移动纸门隔开。"

我们的厨房非常小，地板又脏又旧，有一个用来煮食物的燃气灶。这与我们以前在美国时的厨房形成鲜明对比，那儿有充足的储藏空间、宽敞的食物料理台。我们有电冰箱，但很多日本人当时仍在使用冰柜[1]。

我们在日本的房子没有中央供暖系统，只能靠煤油加热器和被炉取暖。取暖用的燃料非常贵。到了冬天，屋里很多地方让人觉得冰冷。我仍然记得那时因为家里有一岁半的孩子大哭、四处乱跑而非常吵闹，有时会去离家不远的图书馆。即使图书馆内间或摆放着木炭火盆或炭锅，每个坐在图书馆里的人还是都穿着外套，室内也就十度上下。

我还记得被邀请去日本朋友家中，因为怕冷，我们穿着冬天的保暖内衣，但是当我们到达后，经常很荣幸地被安排在靠近取暖源的位子。被当作贵客的我们，因为穿着保暖内衣而满头大汗，反而希望能坐在屋内寒冷一些的地方。

说到取暖，我突然想起一件有趣的事。某个冬夜，我们临时决定去土居健郎博士家拜访。走到他家门口时，发现他穿着外套来为我们开门。他告诉我们他正好要出去一趟。我当时觉得他的举动非常奇怪，但我什么都没说。后来我才意识到发生了什么。土居博士想要省取暖费，因此晚上关掉取暖器穿着外套，他不好意思告诉我，所以当我

---

1 指用冰块来冷冻食物的冰柜。

看到他穿着外套时，只好假装是刚穿上准备出门。

我和苏珊娜都要学习日语，因此需要有人帮我们照顾儿子。考迪尔博士的太太先帮我们找了一位年轻女佣，我们叫她"帮佣"。后来，出于政治正确的原因而改称"家政妇小姐"，不能再以"帮佣"称呼她。不过，自从劳动力价格飞涨后，只有少数人能负担得起用人。

考迪尔博士的太太帮忙找的女佣来自中产阶级家庭。她想通过为我们工作而学习英语，以便将来可以去美国学习。但是，当她发现这个工作需要为一岁半大的小孩换尿布时，觉得这个工作与她想象的非常不一样。两周后，她就辞职了。

随后，我们又设法找了一位来自乡下的年轻妇女，光子小姐。她非常高兴能找到这份工作，并愿意承担照顾我们儿子的责任。她住在家里的小房间，我们每个月支付她一万日元（三十五美元），包食宿。对此，我们的日本朋友再次感叹："你们付得太多了！我们比你们付得少多了。"然而，光子小姐非常投入地照顾我们的孩子，还帮助我们学习如何适应在日本生活。

我们当时的生活还是非常舒适的。研究与精神病学基金会每个月提供给我们五百美元补助金，按照当时一美元兑三百六十日元的汇率换算，是非常大的一笔钱。每个月扣除房租和其他开支后，我们还能剩下很多钱。事实上，我刚成为博士后时的开销，比我二十五年后作为一名正教授来日本，花得还更多。

　　非常幸运的是，在日本的两年中，我们没有碰到重大困难。在我们赴日之前，还收到过关于如何在日本生活的小册子。凡是参与富布赖特项目[1]的学者前往日本时都会收到。事实证明，这本册子中的一些建议有点夸张了。比如，它告诫我们不要购买一般的蔬菜，因为日本人用粪便施肥，蔬菜会被污染。因此，建议我们要去大型百货公司地下商店购买，那里卖的蔬菜使用的是化学肥料，吃了以后不会生病。

　　尽管我们被提醒要注意平时的饮食问题，但我们仍旧从附近商店购买水果蔬菜。商店很方便，食物也都美味营养。我们发现，通常日本的卫生状况要远好于其他亚洲国家。比如，在日本可以直接饮用自来水，但在其他亚洲国家就不行。

　　我们最初碰到问题的主要原因还是对日语理解不够。

1　二战结束后，美国参议员 J. 威廉·富布赖特主导了一项旨在将美国在海外剩余作战物资出售后用于资助美国与世界各地教育文化项目的法案。之后相关教育文化资助项目也成为战后美国软实力对外输出的重要象征。

我记得我们经常去附近的肉店买肉。不管什么时候过去，肉店老板总是把肉切成薄片，他认为我们买回去是用来做寿喜锅。尽管我已经学会了日语"厚"的说法，但当我说"切得厚一些"时，老板也只是把肉片稍微切得厚了一点点。过了好几个星期，他才把肉切成牛排的厚度。

那时，日本的计量单位复杂得不可思议。重量单位，从过去的"匁（もんめ）"[1]变成"磅"和"千克"。每换一个地方，当地使用的计量单位都不一样。尽管我们已经开始学日语了，仍然经常很难判断要购买食材的体积或重量。

我们陷入与语言的斗争之中。当邻居来做客，我们请他们喝茶时，他们会说"結構（けっこう）"。我们知道"結構"的意思就是"好的"，但仍不能分清这句话的意思究竟是"好的，那我喝一点吧"，还是后来才学到的"没事，我不喝茶"。这种暧昧不清的语言经常让我们深感困惑。例如，如果我们邀请别人来家里，他们经常会用含糊的语言表示"好的，没问题"。我们花了很长时间才终于分清他们指的是"不，谢谢""让我考虑一下"或"我们会来的"，其中的哪个意思。送礼也经常是个难题。人们来我家时总会带礼物，这是习俗。我们试图了解送礼人的

---

1 "匁"为日本的和制汉字，相当于中国的计量单位"钱"，即1两的1/10。日本现行货币中，5日元面值硬币的重量正好为1匁。

目的。他们是想表示友好呢，还是希望我们能帮他们做些什么？所以，不管什么时候有人送礼物，都会让我们感到一丝烦恼。我们曾试图退还礼物，但有时事情似乎有点失控，我们发现和送礼人的关系变得有些紧张而不自然。有时，送礼反而成为建立开诚布公的友情的障碍。在日本两年的最后一段时间，我发现当我们不再互换礼物，或者只是偶尔赠送礼物时，我和朋友的关系变得更放松自然。

当然，由于我们是外国人，经常会成为大家好奇的对象。每到一个地方，我们一岁半大的金发小孩戴维总会吸引周围每一个人的注意。大家都想抱他或和他说话。有一次我们去京都，一个大概有二百人的小学生旅行团围着我们，一直盯着戴维看。我们可能是他们看到的最早的几个外国人。我承认，在这些大笑着、目光无法从我们身上移开的孩子们看来，我们确实很奇怪，但是我们也感到非常不舒服。其实，在很多我们去过的地方，尤其是乡下，当地人总是围着我们，他们希望能看一眼外国人。那个年代，日本人并没有很多机会看到外国人。但现在的日本人见到外国人就很少大惊小怪了。

第二年，我们搬到了东京郊外的千叶县（市川市）。我们搬过去是因为日本心理卫生研究所建在当地一个二战时期的阅兵场原址上。战争结束后，政府将军事场所逐步改为医院、学校和大学。当时，亓川只有十万常住人口，没有现代化的公寓。研究所的人安排我们调阅有心理失调儿童的家庭档案。我不得不找一个人帮我看这些档案，因为我当时还不能很好地阅读日文材料，大家可以想象我看完一卷档案需要花多久的时间。

研究所的工作人员并不希望我们亲自采访有心理失调儿童的家庭。不过，他们通过当地学校校长为我们安排了六个有健康孩子的正常家庭，可以每周采访一次。后来我们才知道，这六个家庭都热衷于家长教师联谊会活动，并被告知，如果他们每周接待我们的采访活动就可以免于承担一年的家长教师联谊会各项义务。在之后一年的采访中，我们却不得不对原计划做出修改，原本的想法是由我采访丈夫们，苏珊娜采访妻子们。结果却往往变成，我们一起采访妻子们和孩子们的时候，比采访丈夫们的时候多多了。因为这些丈夫们的工作时间非常长，以至于很难约到采访时间。

采访时，尽管我们已经专门学了一年日语，仍然会碰到语言问题。我们在学校学了基础日语和比较有礼貌的表述方式，但是当妻子们用高级敬语和我们说话时，我们往往听不懂她们在说什么。哪怕我们试图请她们用我们的程度能理解的日语，她们有时还是会以一种优雅的方式一再使用敬语。她们大都非常体贴，很快地调整了语速，将词汇量调整到我们能理解的范围内。

住在市川时，我们打算像我们的日本邻居那样生活。即使很困难，我们也尝试成为社区的一分子，却始终被作为外来者对待。有一次我们邀请六个家庭来家里聚会，想向他们展示，我们能以日本人的方式做任何事情，但后来发现让他们失望了。母亲们告诉孩子要去一个美国人家里做客，想要见到更多的美式生活方式。他们想亲身见证外国人生活是什么样的。我们在学他们，他们却想从我们这儿学西方的生活模式。我们开始了解他们，就像了解自己一样，从他们身上开始逐渐了解日本人。尽管我没有一个长期的学习计划，但当我开始学习日本政治、商业和国际关系时，我很高兴自己能最先从日本家庭入手。我们的目标是能被日本朋友当作自己人一样对待。我和苏珊娜是日本心理卫生研究所里第一对非日本研究员，也是当地邻里间唯一的外国人家庭，有时候我们几个星期都看不到其他外国人。事实上，后来我从一位日本朋友那儿得知，我们在研究所的存在威胁到了我们的一位担保人。他被认为是该领域的美国问题专家，所内默认的美国心理卫生和精神病学领域的权威。我们的突然出现让他很不舒服，每次我们被邀请谈论美国的研究情况时，他几乎都会出现。不幸的是，他是那种不能公开谈论这个问题的人。有一次，他邀请我写一篇文章，我很高兴，于是写了一篇交给他。不久后，他把文章退了回来，解释说大家不能接受，有人对这篇文章持保留意见，反对发表。在研究时间快结束时，他让我写一封致谢信给厚生劳动省，于是我通过他提交了这封信，但是他告诉我信件格式不太对，让我重写一次；但当我重写提交后，他又退了回来，理由还是致谢信格式不正确。

最后，我们终于找到了让厚生劳动省满意的格式。然而文章从未被发表，我也始终不知道为什么。幸运的是，文章发表与否对我的职业生涯并没有产生什么影响。

我从来没有和此人当面发生过争执，但我们与他的关系还是变得非常尴尬。当接到去他家做客的邀请时，我们就感到不自在。我们不知道是否应该带礼物，也不晓得他会不会拿美食招待我们。我认为正是我们的突然出现才让他感到不舒服，但我不认为那是一种反美表现。我觉得他只是单纯对我们出现在他周围感到不适，并且也不知道该如何对待我们。

在研究所中，我被通知不能参加小组会议，只能在外面等着。我想他们认为我们不属于小组会议成员，因为我们是外来者。总是被当作外来异族对待的感觉从一开始就困扰着我们。

我渐渐意识到，被日本人完全接受的希望微乎其微，某种程度上我始终是一个外来者。一旦接受这样的现实，我会感到反思过去的想法可笑，也不会对此感到烦恼了。我们与朋友的关系变得亲密，经常变成与其他人略有不同的"准圈内人"。

一九七五年我加入了一个小圈子——参加天城会议，与很多来自不同圈子的高水平人士因此相遇，我觉得自己成了一个圈内人。很多年以来，我是这个团体中唯一的外国人。开会的两天里，大家就各个重要议题进行讨论。会议的主办人是椎名武雄（Takeo Shiina），后来他成为 IBM 日本公司的总裁。有时候我的日语理解能力并不全面，偶尔会觉得自己是一个特殊的客人，但是当我和其他日本朋友一起身处这个团体时，我经常感受到温暖的友情。

不过再反思一下，最开始那几天，日本人也会因为突然出现的外国人而不像平时那样自在。我记得当我走进百货公司时，尽管我的基础日语足以胜任日常对话，但有些售货员只要一看到我，就会立刻叫来经理或其他可以用英语对话者来应付我。我是一个外国人，因此，我不应该能够听懂日语，同样的逻辑是，也不可能理解日本人。

不过积极的一面是，没有完全成为当地团体或社区的一部分，让我获得更多的自由。我可以避免一些礼尚往来以及约束日本人的人情世故。

如今，日本人对外国人的出现表现得自在多了，他们更直接也更放松；很多日本人也希望外国人能说日语。这些年来，我和很多日本人建立起亲密温暖的友谊，事实证明他们都是忠实的朋友，尽管有时候他们会很敏感；我相处得最好的几位日本人都更为开放、坦诚。如果有日本人在外国人面前表现得疏远又僵硬，我则会让他们保持这份令他们感到舒适的界限感。

回首在日本的两年，是我和苏珊娜这段婚姻中最快乐的时光。作为社会科学家我们能很好地一起工作，花很多时间一对一地讨论日本家庭。

至于苏珊娜作为女性在日本社会的经验，那时女权意识或者女权运动即使在美国也尚未真正具有影响力，到日本的外国女性也没有关注日本女性是否被不公正对待。实际上，苏珊娜主要关心的是想出如何经营好一个家庭的方法，以及在一个全新的、完全不同的社会中照顾好我们的儿子。

这里没有让苏珊娜可以方便地找到她想要的食物的超市。为了买食物和日常必需品，她不得不去邻家小店，并艰难地使用日语交流。

我想那时候从美国来的女性，无论单身还是已婚，都会遭遇很多适应问题；与现在相比，当时两个国家在生活水准上的差距要大得多。如果我们想要美国的药物，就不得不去位于东京市中心有乐町的药房购买。我们也没法经常在邻家小店中找到要买的东西，因此每到周日就不得不去寻找能买到那些东西的商店。

苏珊娜对日本女性的看法不同于其他在日本的外国女性，比如那些跟随丈夫到日本做生意的美国妻子。她们一般是在丈夫的公司内见到日本家庭主妇，通常对日本主妇最深刻的印象是正式而拘谨。她们回到美国后，可能会和自己的朋友说："呃，日本人很羞于开口。"

出于研究的需要，苏珊娜会登门拜访日本的家庭主妇，往往会度过一段很棒的时光。她很喜欢那些曾拜访过的日本主妇。当她们想要了解苏珊娜的时候，非常放松开放。即使在四十年后，这些主妇中还有苏珊娜最好的朋友。苏珊娜从这些女性身上学到了很多东西：如何管教孩子，如何做出各色食物，如何调教自己的丈夫。我想，苏珊娜将这些与她对话的日本主妇看作一面镜子，可以从中看到她自己。不过无论何时，只要她们的丈夫在场，她们就拘谨得多。

美国妻子可能会为日本妻子感到遗憾："可怜的女人，她不能和她丈夫一起出去。"但是当我太太和那些日本妻子交流时，她们的说法翻译过来就是："谁要和他们一起出去啊，既拘谨正式又无聊，我还不如和自己的女性朋友们一起出门，更好玩。"在接触日本中产阶级家庭的主妇后，苏珊娜对事情有了非常不一样的看法。

其中一个原因是，日本主妇非常享受和苏珊娜的交谈，她们喜欢问她一些美国家庭的细节。主妇们非常有预见性地看到了一个全新的、更国际化的社会即将在日本逐步发展起来，她们希望自己的孩子能为这个更国际化的时代做好准备。

因此，她们明确想要了解美国女性是如何处理这些问题的，提问总是一个接一个。她们会考虑这些给出的既定方法，是否能接受，能否适用于日本的相应情境。

最后她们会想出自己的方法。面对这些深谋远虑的日本中产阶级女性，苏珊娜完全不觉得她们是受压抑的，并认为在日本这样一个男人和女人起居时间不同步的情况远甚于美国、孩子和母亲的关系更为亲密的社会中，这些中产阶级女性是非同寻常的社会组成要素。

某种意义上而言，父亲更像一个只会在晚上和周末出现的远方客人，而家庭的核心群体是母亲和孩子。

正是基于这些经验，苏珊娜写得最好的一篇文章就是《专业的家庭主妇》。她认为，正如日本男性为自己的工薪族角色而努力工作那样，日本女性也在认真扮演家庭主妇这一平行角色，并表现出相近的奉献精神和专业精神。孩子们去幼儿园后，她们就打开电视，收看那些指导妈妈们如何处理各种亲子问题的电视节目，她们也会大量阅读育儿书籍。

我和苏珊娜在为我后来的著作《日本新中产阶级》做采访时，合作得非常好。原本计划我们合著，我完成初步草稿，再由她润色修订。但是，我们回到美国后，她对这本书的写作感到不满。她认为事情比我设想的更难概括，想要集中精力写一些特例。而我最初的想法是在我完成初稿后，她可以将此稿打磨得更完善。苏珊娜尝试着这么做，但最终没有完成，于是她对我说："你把稿子拿回去吧，自己完成它，把它当作自己的书，重写一遍。"

最终我写完了这本书，尽管采访是我们合作完成的。不过我仍想强调，我们俩对此所做出的贡献是一样的。我们拿各自的观察进行讨论，我从她那里学到了很多东西，当然我想她也是如此。

然而，最令人难过的是，我和苏珊娜的婚姻并没有走到最后，我们在二十世纪七十年代末离婚了，结束了这段二十四年的婚姻。不过，我和苏珊娜私下的关系即使到现在也不坏。离婚的部分原因是，我想要继续学习中文和日文这两门语言，而且在哈佛大学的工作压力非常大。如果这些不是同时存在，我想可能我们的婚姻不会结束。渐渐地，我们有了分歧，并在各自的道路上越行越远。幸运的是，离婚后，我们仍重拾友谊，虽然相隔遥远，还常常保持联系。后来，我向艾秀慈（Charlotte Ikels）求婚，我们现在仍愉快地生活在一起。

在日本的这两年，我们相互分享在完全不同文化中生活的喜悦和艰辛；除非发生例外情况，我们开始在日本人面前感觉自然，也开始享受并尊重他们的习惯。我们从未遭遇任何针对我们个人的反美举动，但有时我们的确看到了所谓的反美迹象。

我记得一个微妙的例子。我们到日本后不久，在六个采访家庭中碰到一位祖母。这位祖母跟我们讲了蝴蝶夫人的故事。故事是，一个美国男人与一个日本女人相遇后坠入爱河，在一起度过了非常愉快的时光。有一天这个美国人突然离开了。日本女人早因为与美国人在一起而切断了与原生家庭的关系，美国人离开后，她就陷入了困境。

回到家后，苏珊娜和我讨论起这件事，我们都认为这位祖母在以自己的方式表达对来到日本并待下来的外国人的焦虑：这些外国人会向日本人介绍一套全新的价值观；而当他们回国后，受其影响的日本人发现自己被排除在了原有的人群外。我们得出的结论是，这位老年女性希望和我们保持距离。

另一个案例则有关公共议题，且涉及国家政策。一九五九年，日本和美国修订《日美安全保障条约》。一九六〇年一月，双方宣布达成协议。但并不是所有日本人都对此感到满意，有一部分人害怕这只会让日本成为对准驻日美军基地的苏联导弹的目标[1]。

日本民众在国会议事堂外举行游行示威，示威者也与警察在街头发生激烈冲突。美国国内电视台报道了关于游行示威的新闻。我们父母看了美国的新闻广播后打来电话说："在他们杀掉你们之前，快点离开日本。"

但我们没有感受到针对个人的威胁。当然，我们一直远离示威人士与警察发生冲突的地方。最主要的冲突发生在一九六〇年五月，而我们计划于一九六〇年六月十日离开日本。

1　1960 年 1 月 19 日美国与日本正式签订了《新日美安全条约》。该条约暗含了日本实施集体自卫权的可能性，也进一步确认驻日美军的法律地位。《条约》签署前后，日本国内曾爆发大规模抗议运动，被称为"安保斗争"。鉴于抗议活动规模之大与激烈程度，艾森豪威尔总统甚至不得不取消原定的访日计划。

没有料到的是，就在那天，艾森豪威尔总统的新闻秘书詹姆斯·哈格蒂（James Hagerty）预定飞抵羽田机场。

那天，我们打包完毕后，带着行李打车前往羽田机场。到机场后，哈格蒂的飞机已经降落，示威者和警察封锁了通往机场的道路。我们不得不下车，步行最后九百多米的路程到达出发地，包括爬上并越过铁丝网。

上万名示威者手举写有反美标语的牌子。苏珊娜和我的第一反应是："我们绝不可能准时赶上了。"过了一会儿我们才开始担心示威者会如何对待我们，因为很明显就能看出我们是美国人。我当下甚至担心苏珊娜和当时只有三岁半的戴维的安全。

我们走下出租车，告诉周围的示威者我们必须去赶飞机。他们知道我们是美国人，还是帮忙把行李箱从机场外隔离的铁丝网上传过去，让苏珊娜和我翻过铁丝网，还把我们的儿子从铁丝网那边传了过来。当我们越过去之后，他们鼓掌欢呼，和赶飞机的我们开玩笑。最后，我们成功赶上了。

在日本两年的最后时光，示威者们给了我们一次戏剧性的欢送。这是我生命中最有价值、最宝贵的两年之一。我以博士后研究生的身份来到这里，"希望对真正跨文化的家庭和心理卫生进行研究"。这段期间，我沉浸于日本生活中，发现自己对日本本身的兴趣远远高于社科研究，对研究日本社会也有了更大的兴趣。

这两年也让我有机会结交了最长久的友谊。我们的研究对象，住在市川（为了保护隐私，在《日本新中产阶级》一书中称之为 M 町）的六个家庭，直到今天还是我们非常亲密的朋友。他们的孩子和我们的孩子彼此认识，甚至连孙辈们也相互认识。因为和他们之间的友谊，以及有很多相识超过四十年的日本人，我才能对日本社会有更深入、更广阔的了解。

我不是一个怀旧的人。与很多热爱日本文学或某个时段日本历史的同事相比，我觉得自己作为一名社会科学家的专长就是解释日本现在何处，并将其介绍给美国。

但是回想四十年前的那段时光，我还是会怀念那些狭窄的道路，从露天小餐馆飘来的食物香味，那时的生活非常简单。我怀着喜悦的心情回忆起我们在研究日本和日本人的时候，碰到的那些坦诚而慷慨的人。

第二章　构想

　　我第一次产生写《日本第一》的想法是在一九七五年。从一九六○年到一九七五年这十五年期间，我几乎每年至少去一次日本，最长会待两个月。一九七五年，我获得一次学术休假，因此在一九七五年至一九七六年苏珊娜和我在日本度过了一学年。当时戴维已经上大学了，我们带上了两个年幼的孩子，斯蒂文和伊娃。我们有充足的时间再次拜访朋友，重游一九五八年至一九六○年间住在日本时去过的旧地。

　　一九七五年至一九七六年那会儿，我们有时间仔细观察事物，在过去十五年间事情有了翻天覆地的变化。就像我之前说过的，一九六○年离开日本的时候，路上车子很少，可选择的食物和服务也非常有限。当新鲜的外来食物第一次出现在市场上时，通常很昂贵。

在二十世纪五十年代后期，人们热衷于通过储蓄来改善自己的物质条件，努力工作，提前规划。我还记得当日本首次引进拖拉机时，一个电视节目中有个农民被问到是否打算购买一辆新拖拉机，这位农民回答称："拖拉机太贵了，而且现在还在试验中。"他预测大概两年内，等一些问题被解决后，价格应该会下降。他决定等到价格降下来、质量也有所提升时再买，并准备从现在开始攒钱。

我觉得二十世纪六十年代的日本远远落后于美国。我在《日本第一》的序言中写道："我仍未怀疑美国社会和制度总体上的优越性。美国几乎在所有领域都比日本先进。无论是研究水平，还是创造发明，日本都望尘莫及。至于天然资源和人口，美国更是丰富得多了。"

一九五八年，我买了一台黑白电视机。据我所知，我们是极少数拥有电视机的家庭之一。一九六〇年我准备回美国时，把电视机便宜卖给了土居健郎。这是他拥有的第一台电视机，因为一台全新的电视机那时还非常昂贵。为了学习日语，我们买了索尼最新出的转盘式磁带录音机，回美国之前也将它以极低的价格卖给了六户人家中的一家。这也成了这户家庭拥有的第一台磁带录音机。这户家庭就像土居家一样，他们不得不存一段时间的钱，才能买得起崭新的电子产品。

但当我二十世纪六十年代访问日本时，日本实力的发展让我改变了看法。一九六四年东京奥运会前夕，我短暂地回到日本，住在一家小旅馆。屋外都是夜以继日工作的建筑工人。他们正在为这座城市预计将接待成千上万来此观看奥运会的游客做准备。我走到涩谷附近一个我们曾居住过的社区，非常惊讶——为了拓宽道路，建筑工人们拆掉了长达整整七英里的房子。我在美国从来没见过这样的情景。

一开始，我以为这一系列的建设是特殊情况，因为日本要为奥运会做准备。然而，奥运会结束后，日本仍在继续建造并扩大经济规模。

我在第二版《日本新中产阶级》（一九七一）中记录了对这十年进步的最初印象。一九七一年，有两点变化特别引人注目。

我们在一九五九年时认识的日本家庭非常渴望学习美国。就像之前提到的，我们邀请六家人来我家小聚，他们却一门心思地想了解美国人的生活，就像我们想了解他们那样。十年后，他们依旧对此感兴趣，但那种迫切感已经消失了，"因为他们已经掌握了西方生活的精髓"。这些家庭已经结束了学徒期："他们保留日本习俗并不是因为尚未学会西方模式，而是因为他们更爱日本模式。"

一九五九年我第一次见到这六个家庭时，他们非常担心日本的经济止步不前，"感到日常生活岌岌可危"。十年后，"银行存款变多了，物质财富更丰富了。另一个全国性的共识是，日本经济前景（如果有的话）一片光明，对物质福利的焦虑感几乎消失殆尽"。

一九七五年，我用整整一年时间来检视日本二十世纪六十年代以来的变化，我被这些变化震惊了，其速度比美国快得多。我开始思考其中的含义。如果说日本已经经历了戏剧性的高速成长，那未来还能持续这样的发展速度吗？这就是我写这本书的目的。

在《日本第一》里，我提出日本能够成功的其中一个原因是，日本人向西方学习的能力和意愿。

我在书中给出的事实是，日本比其他任何一个国家都更成功地解决了后工业化社会的基本问题，美国和其他西方国家都从日本学到了经验。

二十世纪六十年代和七十年代，也有其他作者写了日本经济奇迹的著作。一九六二年，《经济学人》记者诺曼·麦克莱恩（Norman McClane）用金融数据展现日本未来的发展，他的调研结果和课题项目最终在《经济学人》杂志上发表。这一时期，我仍在做心理卫生研究，也没有继续写作关于日本的商业和经济发展的著作。麦克莱恩的文章是我在《日本第一》出版后读到的唯一一篇。

一九七〇年，赫尔曼·卡恩（Herman Kahn）的书《新兴的超级大国日本：挑战与回应》出版。卡恩从日本的相关数据中推断并证明日本的经济增长有可能追赶甚至超越西方，他还预测日本很快会成为一个军事超级大国。

不过，我的角度有所不同。我思考的是日本取得如此成功的原因。相比经济增长率，我更关注其别具一格的社会结构，比如教育系统，从而来回答"是什么使日本自成一体"这个问题。自从第一次来到日本，我就一直在琢磨所有这些社会结构以及它们的变化。

我刚开始考虑论述日本这十五年的进步时，还只是想写一篇长论文。起初，打算用一年时间做准备，写一本关于日本财团的书，因为当时对美国学者而言，这几乎是个全新的研究领域。有很多人写了日本政府和政治家，还有一些人写了日本官僚机构，所以我决定将兴趣聚焦在日本的商界。

作为一名社会学者，我通常会在正式写作前对所有制度进行系统性思考。随着时间推移，我总结了日本十五年来的进展，并构想了不同章节的标题。对财团研究愈多，我就愈加意识到商界只是这个故事的一部分而已，真正的故事是日本在各方面取得的进步。于是，我停止撰写关于财团的文章，转身投入写日本在各方面所取得的进步。

我试图通盘考虑究竟是什么样的制度帮助日本在一九六〇年至一九七五年间创造了比世界所知的其他地方更快的发展速度。正如我在《日本第一》的序言[1]中写到的那样："一九五二年日本结束了美军占领时代，生产恢复到战前水平，但当时的国民生产总值仅为英国或法国的三分之一。到了七十年代后半期，迅速增加，相当于英法两国的总和，约为美国生产总值的一半。"我相信美国可以从日本即将发起的真正挑战中获取很多经验。

我开始着手写《日本第一》时所面临的最重要问题是，很多研究时必须参考的话题还没有被写过。我意识到大学不会一直是我了解日本的最佳场所，因为很多教授讲的日本课程笼统且充斥理论，却没有进行过系统性的实地调查。因此一九七五年至一九七六年间，在读过一些著作后，我决定最重要的还是得依靠自己的实地调查，去采访和参观日本的政府机关、工厂和农场。

一九五九年，为了洞察日本主流家庭的样态，我访问

---

1 此处为作者笔误，实际应出自第二章《日本的奇迹》。

了大约二十至二十五位准备结婚的日本人，设计的问题诸如：新娘家希望能得到什么东西，新郎家又希望获得什么，以及新郎新娘在有能力结婚前都会碰到哪些问题，等等。我把自己的调研结果发表在学术期刊上。比起以往跟教授对话或采访，实地调查让我对真实的日本家庭状况有了更好的切身感受。

一九五八年至一九六〇年间，我进行了几次实地考察旅行，经常会遭遇一些意料之外的情况。我曾受阿部德三郎教授邀请，花了两周时间在山形县观察当地的农村家庭。阿部教授是我在一次社会学会议上认识的，他是山形县三河村一位富有的地主家的儿子，二战前曾在德国学习社会学。

可能因为我的名字中有"Vogel"，他就以为我会讲德语，其实我只会一点点德语。不过他仍和我讲德语，我则用日语回答他。事实证明，他给了我很大的帮助，向我讲授乡村生活，把我介绍给其他人，以及帮助分发调查问卷，让答卷人放心回答。因为有他的帮助，我了解了很多乡村生活的情况。很多年来他一直用德语给我写信。

另一位日本社会学界的友人佐佐木彻郎（Tetsuro Sasaki）带我去了仙台附近的渔村，这是他实地调查中的一处。他带我去拜访了村里的其他家庭，还去了其他村子。

由于他的协助，我得以一窥渔民及其家庭的日常生活。

这是我着手了解农民和渔民日常生活的途径。这两位朋友都受过社会学训练。更重要的是，他们都从事一线实地调查工作，对不同社区中的日本家庭日常生活有实际了解。我也花了几天时间跟着另两位教授逐个走访村庄，一位是福武直（Tadashi Fukutake），日本农村社会研究的著名专家，另一位是川岛武宜（Takeyoshi Kawashima），著名的民法学教授。

直到一九六九年，在日本研究领域，我的注意力基本集中在家庭研究。那几年中，鲍勃·贝拉（Bob Bellah）[1]教授离开哈佛大学后，我便接手了他的日本社会研究课程。"日本社会"是一个涉猎宽泛的论题，我想要呈现一个宽阔而系统的思考社会的方法，这种方法是从我的教授塔尔科特·帕森斯（Talcott Parsons）[2]那里学到的。他经常鼓励我们去思考整个制度体系的所有重要层面。

政治和经济都是体系的一部分，家庭和价值观也是体系的一部分。在读过关于日本社会的基本著作后，我想要

---

1 此处疑为作者笔误，查询相关资料，应为"罗伯特·贝拉（Robert N. Bellah）"。

2 塔尔科特·帕森斯生前为哈佛大学社会学教授，也被视为美国现代社会学奠基者。

依靠采访和田野调查来完成自己的著作。

自从我准备开日本社会的课程后，我决定在一九六九年夏天去日本实地了解政治和经济现状。这也让我和一位日本老朋友野田一夫（Kazuo Noda）再次联系上。我和他第一次碰面是一九五九年，在我们共同的朋友富永健一（Tominaga Kenichi）的婚礼上，当时就一拍即合。他对日本的商业、政治和官僚系统非常了解，富有批判性思维和宽阔视野。他后来成为玉川大学（Tamagawa University）和宫城县立大学的校长。野田毕业于东京大学，取得社会学学士学位，一九六〇年至一九六一年在麻省理工学院当过吉姆·阿贝格伦（Jim Abegglen）教授的助理研究员，阿贝格伦教授在野田的帮助下对日本企业管理做了开创性研究。野田是一个非常自信、开放的人，完全不像典型的日本人那样拘谨严肃。

野田成为我接触日本商业领袖最佳且唯一的渠道。一九六九年，他做了一系列的电视节目，由此采访了很多知名日本企业总裁，在商界和官僚机构有非常多的熟人和关系网络。野田也是索尼总裁盛田昭夫、丰田汽车集团总裁丰田章男、IBM 日本公司总裁椎名武雄等商界高层的高尔夫球友。

经他介绍，我得以见到商界人士和高级官僚。我自己的方式是，用一个小时左右的时间对商人或官员进行采访，集中了解我想要知道的内容。野田教我的方法则是，和这些人一起出去吃饭喝酒，结成自然的人际关系后就可以谈论任何事情。他认为这样我才可以学到更多，因为在这种情况下这些人会更加坦诚。如果我能从社交场合得到十五分钟有用、有价值的材料，那就很幸运了；这十五分钟对我而言就是一笔宝贵财富。

通过和哈佛大学日本同事的友谊，我也建立了与日本高级官员间的人脉网络。

我能以自己的方式写出《日本第一》的原因之一，和我在这个课题上所学到的知识一样，是通过我能建立起来的个人友谊而获得的。

哈佛大学可能是最受亚洲人欢迎的美国教育机构。很多日本官僚机构中的人员会来哈佛学习进修。他们在哈佛时，我通常会去结识他们，并在某种程度上给他们提供帮助。所以，后来我在日本碰到他们时，我们的关系就会很亲近。

特别棒的是，我认识了很多日本外务省的精英官员。外务省的一个计划是，每年都会将一位四十岁左右、最有前途的人送到哈佛学习。这些人在哈佛求学期间，我和其中很多位都见过面并成为了朋友，比如曾担任驻美大使的大河原良雄，曾任驻英大使的北村洋司，曾担任多个国家大使、现任日本国际交流基金会总裁的藤井弘昭，后来担任驻俄大使的渡边幸治以及现任驻华大使谷野作太郎。我还和现在的主要政治领导人加藤紘一（Kato Koichi）、小和田恒在哈佛时结识。当藤井弘昭担任外务省在首相官邸代表时，他引荐我和前首相大平正芳谈过几次话。在三木武夫任首相时，村上和夫担任外务省代表。村上是另一个我此前在哈佛认识的日本人，他为我安排了对首相三木武夫的采访。类似的经历是，我还见过前首相福田赳夫、中曾根康弘、竹下登、宫泽喜一等人士。

野田和我合作得非常好。他有社会学思维，因此能帮我认清制度体系的社会学背景。在二十世纪七十年代初期，野田和我应美国社会科学研究委员会的委托，为该委员会组织一次关于日本组织的会议。我们决定邀请商界高层人士和政府官员与学者一道出席会议。我们请他们提交一篇基于自己经验写成的会议论文，讨论自己所在的组织及组织成员。其中一位参会高级官员是日本通产省前次长大滋弥嘉久，他谈论了通产省的复杂架构和决策程序。

我们将论文收集起来后出版成书，由我担任主编，论文集名为《日本的组织和决策》（*Japanese Organizations and Decision Making*，一九七五）。我们的目的是扩大英语研究圈内对日本商界和政府机构的理解。

一九七六年，也就是在日本待了一年后，我开始着手考虑写《日本第一》，我觉得自己已经收集了足够的信息和数据来为日本的成功提供背景和分析；相信自己能够为这段特殊时期的日本作出精确和详细的诠释。甚至时至今日，我仍认为这本书的前提和论证是基于一个坚实的基础，如果回头再看这本书，尽管日本经历了更困难的时期，但这些描述和分析仍然有效。

我写《日本第一》的时候，就知道一定会在美国引发论战。那时在美国国内出现了对日本在国际市场中取得成功越来越不满的情绪。正如我在书中写的那样："五十年代早期，日本制造的收音机、录音机、立体音响等产品质量还不如美国，一转眼如今却席卷了整个市场。""一九七七年日本出口汽车达四百五十万辆，而同年美国的汽车出口量仅为其几分之一。""美国对日贸易逆差在二十世纪七十年代后期已达一百亿美元，尽管美国施加政治压力，实行美元贬值，但逆差仍不见好转。"

我知道自己的书和我本人也会遭受情绪化的攻击。"傅高义戴着玫瑰色的眼镜打量日本。""傅高义在日本的时间太长了。他失去了自己的客观性。"有时甚至会出现更恶毒的话语。

这也是我花了很长时间考虑如何来回应这本书的原因之一,我希望能引起深思熟虑的美国人的注意。我原本认为"日本是第一",但后来决定更换这个标题,这个标题太过观点明确。我担心人们可能误会,认为我是在说日本已经成为最大的经济体,或者日本是世界上最强大的国家。

最后,我决定用《日本第一:对美国的启示》作为完整的标题。我知道即便如此,也会冒犯到某些美国评论人士。但是我觉得这更加恰如其分地概括了这本书的基本论点:鉴于自身局限性和体量,日本解决了自身问题,成功应对挑战,美国和其他西方国家可以从中学到很多东西。

但无论如何,有些美国人误会了。他们对我赞扬日本进行批判,并要我对日本人变得傲慢自大而负责。

显然,这些人只是读了标题,没有注意到我在文中指出了日本的局限性,并认为将日本模式进行"批发""同化"是不恰当的。他们也同样没有意识到在这本书的日语版中,我写了一个非常强硬的序言,警告日本人要小心自大骄傲的危险。

我认为自己是真正意义上的爱国者,一个世界主义的爱国者。在日本和美国,当人们简单地满足于阿谀奉承时,我常常批评这种心胸狭隘和自以为是。我在写书时,内心关切的是美国利益,我希望美国能做得更好,对来自日本的挑战能作出建设性的回应。

《日本第一》并不是我唯一的畅销书，但可能是最能反映"我"作为一个人的状况的著作。我看到自己人生中最基本的角色是帮助美国人树立起对亚洲文化的一种既抱有同理心又有现实主义的理解。我试着和外国人建立良好关系，并通过这种关系去理解他们和他们的社会。然后我回到家就会说："这里有很多值得我们学习的经验，帮助我们提高自身、改善社会。"

无论如何，执着地向人们说教要对外国人更有同理心、要改善我们的社会，一直是我生活的一部分。我过去相信、现在也依然强烈地相信美国人能从日本人身上学到很多经验教训。我想，美国人可能难以接受要向一个曾在战场上被自己打败并在一九四五年后帮助重建的国家学习。但我觉得，美国人如能像日本强烈渴望学习西方那样向东方取经，一定会获益匪浅。

第三章　正确的时机和策略

一九七九年，《日本第一》在书店上架。这本书的销量出乎所有人的意料。在美国，精装本卖出了四万册，平装本卖了十万册；在日本，一共卖出了七十万册并持续在图书畅销榜上停留了好几个星期。

我预计书会卖得不错，但没想到会这么好。回看那个时候，我相信除了内容本身外，还有两方面原因对这个成功有所帮助：本书在日本出版的时机和市场营销策略。

二十世纪七十年代末，美国人亲历了一场信仰危机。他们见识了美国总统在水门事件丑闻中蒙羞辞职的耻辱，也难以置信居然看到美国人在西贡大使馆楼顶上争先恐后地爬进直升机以逃离。他们还经历了一次对自己民族自豪感的打击，阿亚图拉·霍梅尼的激进追随者们袭击美国驻伊朗大使馆，而美国营救人质的军事行动最终以灾难性结果告终。美国人集体发出了呻吟。

在商业世界中，美国人对产品和服务的自信心不断被削弱。作为美国制造业独创性和实力的强大象征——汽车，也成为批评和嘲笑的对象。拉尔夫·纳德（Ralph Nader）在二十世纪六十年代出版的《任何速度都不安全》[1]一书中写道，汽车制造商"三巨头"都以牺牲安全为代价削减生产成本。心怀不满的美国车主抱怨这些美国工厂出产的汽车粗制滥造。

很多美国人开始追求外国制造的汽车，日本的进口车遂成为最受欢迎的外国进口汽车。为了满足美国人不断增长的需求，日本汽车制造商出口到美国的汽车数量呈现戏剧性的增加。

另一方面，日本商品和服务也"入侵"美国市场。美国顾客发现日本产品的耐用性和高性能值得信赖，在他们的观念中，"日本制造"这个词就是品质的同义词。

1　拉尔夫·纳德被称为美国当代消费者维权运动之父。1965 年，他经过长时间调研后，写出了《任何速度都不安全：美国汽车设计埋下的危险》，揭露当时美国车企罔顾消费者安全的经营策略。这本书及其引发的社会呼声，直接促使美国出台《国家交通及机动车安全法》。

日本人还接连创造出更多有想象力的产品。比如，索尼随身听，既能方便地使用磁带又小到足以随身携带。它在一九七九年被引进美国，正好是《日本第一》出版那一年。[1]

美国商界和政界的领导者以及普通的美国人开始意识到，美国眼看着滑落到在日本面前丧失竞争力的边缘。在情感层面，日本的成功也是对美国人民族自豪感的另一个打击。感受到日本威胁而愤怒的美国工人诉诸简单的指责，声称日本制造商非常不公平地向美国市场倾销商品，因为他们可以用比低于美国竞争者的市场价格进行倾销。他们还指出日本的商品便宜是因为日本工人赚的钱远远少于美国工人。

面对来自日本的激烈竞争，美国表现糟糕，深思熟虑的美国商界和政界领导者开始深入探究这一现象背后的原因。他们迫切地想要找到答案。

写《日本第一》时，在我脑海中的另一个目标是希望引起美国人的注意并告诉他们可以从日本提升竞争力中学到经验。我过去在亚洲待了很长时间，赞同亚洲国家的民

1　1979 年 7 月，索尼公司推出了全世界第一款个人随身音乐播放器"Walkman TPS-L2"，改变了全世界消费电子行业的格局。至 1998 年，Walkman 在全球的销量达到了 2.5 亿台。

众认为美国人傲慢的看法。而且我也知道很多美国人把日本看作一个异国情调的国家并坚信不可能从日本人身上学到什么东西。

但是《日本第一》引起了重要圈内人士的关注。一九八〇年，由我协助组织的一个关于竞争力的大型会议在哈佛大学召开，和我一起组织会议的是既有创造力又有献身精神的约翰·鲍尔斯（John Bowles）。会议赞助者有哈佛大学、美国国会和纽约证券交易所。参议员亚伯拉罕·鲁比科夫（Abraham Ribicoff）带领国会代表团参会，同行的还有美国国会中的其他几位。曾任杰西潘尼（J. C. Penney）高管、时任纽约证交所领导的米尔·巴顿（Mill Batton）也带来了一些企业界重要人士。米尔·巴顿读过《日本第一》后，强烈感觉美国必须做点什么来回应日本的挑战。我们还找了一些专家准备会议论文，包括迪克·达尔蒙（Dick Darmon）、克里斯·德穆斯（Chris Demuth）和鲍勃·劳伦斯（Bob Laurence）。会议成果随后也被收入国会记录中。我相信这次会议对美国国会以及企业界考虑如何有效回应日本挑战的重要性有着建设性影响。时任哈佛文理学院院长亨利·罗索夫斯基（Henry Rosovsky）在论文集的序言中写道，会议之所以能举办，是因为不少参会人士读了《日本第一》后聚集起来参加这个会议。

《日本第一》也引发了其他人竞相论述日本成功的热潮，比如加州大学洛杉矶分校的教授威廉·大内（William Ouchi）[1]。一些人士评论称，他的书及其他作品站在了风靡一时的《日本第一》的肩上。

随后还有一些批判日本成功或是挖掘日本社会黑暗面的"反对"书出现。其中，我认为最好的一本是贾雷德·泰勒（Jared Taylor）[2] 写的，他在日本四国长大，对日本非常了解。很多激烈争辩的书都没有经过仔细研究。我并没有对这些攻击感到失落，因为我对自己书中论证的正确性足够自信，事实上这些书使我的书获得了持久的关注。

我认为《日本第一》的成功，源自美国人意识到问题的存在。这本书第一次号召人们关注这个议题，并帮助人们将更多注意力放在普遍性问题上，它提高了不少美国企

---

1 威廉·大内是夏威夷出生的日裔美籍管理学家，先后在斯坦福大学商学院、加州大学洛杉矶分校安德森管理学院任教。曾出版《Z理论：美国商业如何面对日本的挑战》《M型社会：美国团队如何夺回竞争优势》。

2 贾雷德·泰勒是美国著名右翼杂志《美利坚复兴》的资深编辑，也被欧美舆论界普遍认为是一位有种族主义倾向的作家。16 岁前一直居住在日本，返美后转而推崇"白人至上主义"。1983 年时曾出版著作《旭日的阴影：对日本奇迹的批判》。

业的普遍意识，即他们不得不更好地处理与日本的竞争并作出改变，以保持自身竞争力。

在日本情况就完全不同了，日本人对此更多的是感到骄傲。一九四五年至一九五五年间，日本在美国的援助下从二战的巨大破坏中稳步复苏，工业产出持续增加，新的消费品不断在市场上出现。从一九五五年到一九七三年，经济实质增长八倍；二十世纪六十年代末，日本的国民生产总值（GNP）在全世界各大工业国家中高居第二。

然而，在二十世纪七十年代中期，日本快速的经济增长确实暂停了，主要是因为一九七三年石油危机。一九七四年，日本的国民生产总值遭遇了五十年代以来的首次下跌。经济增长率从六十年代的两位数变成一九七四至一九七九年间的平均 3.6%。

日本工业面临油价飙升带来的挑战。他们通过减少招聘新员工、让老员工提前退休的方法来进行裁员，大量使用工厂自动化和电脑操控，并将生产车间搬到租金便宜的都市郊区或更偏远的乡村。他们不仅将生产线开到了欧洲与美国，以便与市场更近，还去了亚洲及租金与劳动力更便宜的其他地区。

日本工业用了四年克服了第一次石油危机造成的影响。从一九七八年直到一九九〇年，日本的竞争力提升远远超过美国和欧洲，甚至成为产品主要制造者，尤其在汽车和电子领域。

《日本第一》在日本翻译出版后，成千上万的日本人购买这本书。在很多方面，这本书成为日本成功的一个象征。东京大学知名教授、后出任日本首相中曾根康弘智囊团研究主任的佐藤诚三郎，一九九九年去世前曾写下这么一句评价："《日本第一》成为畅销书是因为日本人从这时开始讲：'哇，归根结底我们没有那么糟，我们做得很好。'"正如佐藤所解释的那样，这本书清楚地意识到日本当时刚刚感受到一些东西。他们可以说："连哈佛教授都说我们做得很好，我们肯定做了一些正确的事。"我并非有意为之，但是这本书的写作时间非常完美。

当然，日本也存在危险，当被成功冲昏头脑后，他们会变得傲慢。很多日本人通过阅读这本书再次确认他们做得有多好，满足外国人如何看待他们的好奇心。在《日本第一》第一次面世时，赖世和（Edwin O. Reischauer）[1]曾有过一个很有趣的评论："这本书应该在美国成为必读书

1　埃德温·赖世和，又译赖肖尔，美国知名历史学家、外交学以及东亚问题专家，在哈佛大学任教期间是费正清的同事。1962 年至 1966 年间出任美国驻日本大使，曾建议美国改善与中华人民共和国的关系。

目，在日本则该被禁止出版。"

另一个事先无法预测的重要时机是，《日本第一》出版时间正好是一九七九年六月东京首次承办七国集团（G7）峰会的前几周。时任日本首相的大平正芳在峰会前举行的记者会上以及峰会上都表示，《日本第一》是一本有关峰会的优秀指导读物。我相信，他的表态有助于这本书的销量。

因此，来自不同国家负责为本国领导人在峰会前准备简报的官员们，都将《日本第一》作为峰会前的阅读书目。现任美国驻联合国大使理查德·霍尔布鲁克（Richard Holbrooke）告诉我，在飞往东京的飞机上，他把这本书给了美国总统吉米·卡特。卡特读完后评价道："天呐，傅高义真的爱日本。"我也从其他的参会者那儿听说，玛格丽特·撒切尔夫人和加拿大总理乔·克拉克（Joe Clark）都阅读了这本书来为峰会做准备。

除了时机外，这本书畅销的另一个原因是广告活动。日本出版社的市场营销策略让这本书在公众视野中出现持续了数月。

负责市场营销的是渡边彬，渡边曾负责出版过约翰·肯尼思·加尔布雷思（John Kenneth Galbraith）《不确定的年代》的日文版。因为那本书做得很成功，日本的出版社 TBS—大不列颠（TBS ブリタニカ）[1]给渡边划拨了很大一笔经费用于《日本第一》的广告活动。他们的目标是让我这本书卖得甚至比加尔布雷思的书更好。他们成功了。

渡边和出版社工作人员最初的一个决定是，封面上保留英文标题比用片假名好。渡边担心如果将标题换成日语的片假名会让一些人以为这是日本人写的书。他认为任何一个高中毕业的日本人都能看懂原来英文标题的意思，封面用英文标题的话，潜在的读者会直接意识到这本书是外国人写的，这对他们更有吸引力。所以在日文版的封面右上放英文标题是一个市场营销决定。

渡边制订了详细的营销计划。他相信获取大众关注的最好方式不是通过书评，而是通过广播或电视谈话节目的采访。因此，第一个星期的营销活动是，我花了大量时间在流行广播和电视节目上接受采访。

两周后，他安排了十天的全国巡回活动。典型的操作手法是，只要我们到达一个城市或乡镇，就会一早到当地报社或电视台介绍我们自己。当地记者对我进行采访，隔天报纸上就会出现采访报道。当时两大发行商——日本出

---

1 1969 年东京放送电视台与大不列颠百科社在日本合资组建的出版社。

x

版贩卖株式会社[1]和日本凸版印刷株式会社负责全国零售业务。他们安排书店签名活动，人们可以带着书和名片来参加。然后，第二天上午我们可能在当地电视台做一个电视节目。

在巡回活动最后，我们和一些专门团体做访谈，比如创价学会和日经产业。这些团体购买了大量的书，保持这本书的销量能够持续增长。

之后，渡边的计划是跟进一系列电视特别节目。电视制作人和团队到美国录制一个基于这本书、长达四小时的节目，主要关注此书对美国商业活动带来的影响。《日本第一》在日本面世四个月后，这档节目在日本的电视上播放。

这本书在日本大获成功的结果是，我遭遇了日本人口中的"有名税（ゆうめいぜい）"，相当于"名利税"。我不得不热情款待很多客人，现身各种职能部门。这有时让人感到疲倦，但同时也给了我很多入场资格。在书出版前，当我打电话预约高层次的企业和政府人士时，很多人会问："谁？他是谁？"或者："他为什么打电话给我？"有些人还让我写一份为何想和他们谈话的说明。一

---

1 1992 年正式改名为"株式会社东贩"，讲谈社、小学馆、文艺春秋、新潮社、集英社等日本主流出版社皆为其股东。

旦书出版后，人们就立刻认出我的名字，如果他们忘记了我的名字，我就自我介绍称"我就是《日本第一》的作者傅高义"，他们立即就会知道并邀请我一起出去午餐，问我喜欢什么食物，而不再像以前那样问我为什么打电话给他们。

我还有机会见了很多有意思的人。比如，出版社安排我和松下幸之助先生进行一对一谈话。当时，他已经住院，只在每个周末回家。对我而言，要听懂他的日语很难，即便是日本人也难以辨识他讲的日语字词，因此一些非常了解松下先生的人会听他讲话然后将其翻译成清晰的日语。这是我唯一能回想起来、需要有翻译将日语翻成日语的场景。但无论如何，我们的这个会谈非常有意思。他对我讲了一件很重要的事："你是一个真正的美国爱国者。"他感受到我是真的想要帮助美国，而这和他在日本所做的事相似。最后，他邀请我加入松下政经塾董事会，这是松下先生建立、用于培训国际领导人的高级进修学校。因此，我对这所学校非常感兴趣，从那之后也在学校开了很多讲座。

另外一位有机会见到的杰出企业领袖是 YKK 公司创始人吉田忠雄。他是一位和美国总统吉米·卡特成为了亲密好友的日本商人。吉田早些时候就在卡特的家乡佐治亚州建厂。为了表示感谢，卡特邀请了一个日本人参加自己的就职典礼，就是吉田先生。我想，还有一个让他们成为好友的原因是，吉田和卡特都是朴素的乡村孩子，他们身上都有着强烈的宗教信仰和谦逊的品格。

我还记得采访吉田忠雄的儿子小吉田先生的时候，他刚从庆应义塾大学毕业不久。从他走进房间的那一刻，我就被两代人之间鲜明的反差震惊了。一边是非常质朴的乡村老人，另一边却是显然很精致的青年吉田，毕业于庆应义塾大学和西北商学院。

我在那之后并没有经常见到青年吉田，但几年后他邀请我去给他的公司年会做一个演讲，我也去了。之后我们就成了朋友，也在很多场合见面。

一九八一年，日本经济团体联合会[1]邀请我去每年夏天在轻井泽[2]召开的夏季研讨会上演讲。在那里，我可以有两天的时间与一九七五年至一九七六年间曾难以会面的商业领袖交往。我们度过了精彩的时光，在避暑胜地召开研讨会为我创造了一个非常美好、毫不拘束的方式，从而更深入地了解商界高层领袖。

1　日本经济团体联合会成立于 1946 年，是日本国内规模最大、影响力最大的企业协会组织。
2　日本最知名的避暑度假胜地之一，位于长野县。

《日本第一》也对其他国家或地区产生了影响。比如，在新加坡和中国台湾，这本书成为政府高层的必读书。

　　新加坡前总理李光耀在二十世纪七十年代初曾来过哈佛大学，住在艾略特楼。他意识到，当英国皇家海军离开东南亚时，这个区域的最大保护者将是美国。尽管曾在英国接受高等教育，但李光耀仍不觉得自己对美国的政治、文化和思想有充分的了解，因此想前往美国待几个月，成为一个更有智慧力的人，于是决定去哈佛大学从而更好地了解美国人。所以我在《日本第一》出版前就已经认识他了。

　　《日本第一》出版后，我相信书中的很多想法和观念与李光耀试图在新加坡所实践的不谋而合。他邀请我去新加坡，但我不是非常确定到新加坡后他对我有什么期待。直到某一天晚上，那对我而言是一个真正的高潮。

　　在李光耀的邀请下，我来到他的住处并被带进一个房间，房间内有七八个人围坐在一张桌子边。李光耀的儿子、当时的副总理李显龙以及时任总理吴作栋等都在座。当下，我即发现这是一个关于日本的圆桌讨论会。刚从日本回来的李光耀主持会议，就像一个老教师在教导未来的新加坡领导人。他对日本的相关情况发表了自己的看法，然后转向我问道："傅高义教授，你怎么看？"我则对他的想法和说明加以补充。所以，在那里我们和高级官员——未来的新加坡领导人一起学习日本的经验教训。

李光耀对日本制度的两个方面特别感兴趣。一个是警察"交番"制度[1]，李光耀曾派遣官员去日本学习警察治安岗亭制度如何运行，他还从日本邀请警方官员协助新加坡建立一个相似的制度。

另一个就是劳工关系。李光耀想要建立一个像日本那样有着良好劳资关系、鲜少罢工的劳工结构。他还非常担忧新加坡企业的雇员频繁跳槽，导致企业难以看到长期培训计划带来的价值。他想要找到一个方法能让企业长时间留住员工，从而充分利用高水平培训带来的好处。

新加坡的邻居——马来西亚的总理马哈蒂尔·穆罕默德是另一个认为自己国家能从日本学到东西的国家领导人。令我印象深刻的是，马哈蒂尔非常密切地关注着李光耀，但出于国家尊严，不想在公开场合强调这件事。事实上，我相信当李光耀在新加坡有所行动时，马哈蒂尔会加以改造后在马来西亚做相似的事情。

我第一次见到马哈蒂尔时，他在哈佛国际发展咨询

1　日语"交番"即派出所，为日本警察体系中最基层的机构，虽然没有专门的拘留室、侦讯室，但可以及时处理各类治安问题。日本最早的"交番"出现于 1874 年。

集团研究所工作。他被邀请到哈佛大学做一到两天的发展项目的报告。一次晚宴上，他被安排坐在我旁边。那一整晚我们都在谈论日本以及对马来西亚有所帮助的项目。

马哈蒂尔关注的议题和李光耀截然不同。他需要日本企业的投资，想要了解如何与日本人共事以及如何招商引资。他与日本商人在马来西亚的汽车和钢铁交易上有过两三次不愉快的经历，因此对日本企业仍有些警惕。

《日本第一》出版两三年后，马哈蒂尔出版了自己的书《向东方看》（*Looking East*）。我觉得他在写这本书时从我的书中参考了很多，书中涉及日本已经达成的目标以及他想要将某些日本制度引进到马来西亚。他希望这本书增加日本企业投资马来西亚的兴趣，也想把日本职业道德这一要素引入马来西亚的劳动力市场。

中国政府一九七九年开始改革开放的时候，正是《日本第一》出版之时。我想起了一段轶事，和对这本书感兴趣的中国人有关。一九九九年，时任中国国务院总理朱镕基到美国处理贸易问题以及加入 WTO 的相关问题时，我邀请他与一群哈佛大学教授会面。他结束了在麻省理工的演讲后，和我们进行了一个半小时的会谈，他讲了一个我以前听过的故事，大致如下：

大约在十或十五年前，时任上海市长的朱镕基率领一个代表团访美。他在哈佛大学做了一个关于上海和中国发展状况的简短报告。在报告问答环节，听众中有人问他中国是否能从日本学到一些经验，朱镕基通过他的译员回答称："这个问题你应该去问傅高义教授。"

　　现场每个人都大笑起来。朱镕基转头问他的翻译："我讲错什么了吗？"翻译回答："刚才问您问题的人就是傅高义教授。"作为经济规划师，朱镕基总理密切关注国外研究动向，可见他早就知道这本书了。

　　二十世纪八十年代，中国正处于向其他国家学习的阶段。很多人阅读这本书的中文版作为他们努力学习日本的一部分，尽管他们并不那么认同日本看起来已经成为第一的观点。由于中国领导人正在思考结构调整的规则，很多参与制定经济政策的人员试图指出中国如何基于国家利益，发展出一个有中国特色的体制。

　　中国对日本有着很大的兴趣。当然，有很多人认为他们可以学习日本模式从而使自己的工厂取得更大效益，从八十年代开始便花了相当大的力气来学习日本工厂制度。

　　现在中国已经在尝试发展所谓的"集团"，有点像日本大型国有企业中的"财团"。其目的在于发展至能参与全球竞争所需要的经济规模。

韩国的情况是,书出版后,我被邀请去韩国做过一些小型的非正式讲座。有意思的是,没有任何一个讲座被广泛宣传。

没有一个韩国人会公开赞美日本。他们从来没有公开出版这本书。不过,有一个韩国朋友给了我一本译成韩文的《日本第一》。这个译本在韩国政府内部传阅,却并未正式出版。我也听说韩国外交部做了一份在国家领导层内部传阅的五十页上下的摘要。

换句话说,韩国热切地想知道日本做了什么,但是他们不希望通过公开而尴尬的方式出版一本名为《日本第一》的书,或者冒险让我在大量读者面前公开赞美日本。结果就是,我被邀请去给小型研究所或政府人士做演讲。

而我在中国台湾地区的公开研究活动就更少了,而且我在台湾书店发现了五个不同版本的书,因为他们当时没有得到出版许可协议,盗版现象很普遍。任何一个想出版自己版本的出版社,都会自行印行。然而,有些翻译并不好。同样,我知道在中国大陆有三个不同的出版机构印行了各自的译本。

有人问这本书在不同国家的影响,这取决于在哪个国家以及他们通过何种方式发现各自的需求。在美国，比如美国企业在日本的压力下做了一些事情。在新加坡，有一位卓越的领导者试图找到让自己国家变得更好的方式，他从日本的经历中找到了两三个他认为有必要学习的想法。

我想说，我的书是由不同国家发起、一个更大型的学习日本的运动中的一部分，这个运动由忧国忧民的政府、商业领袖以及那些为了使体制进步而通盘考虑制度问题以期达成各自独特目标的领导们所主导的。

第四章　经验教训

　　我在《日本第一》中写道："如果仅举一个要素来说明日本成功的原因，可以说是集思广益。在每一个重要机构和共同体，只要事关公益，从国家机关到私人企业，从城市到乡村，忠诚的领导人为机构的未来忧心，对这些领导人而言，没有什么事情比将来有朝一日所需的信息和知识更重要。"

　　从明治时代开始，日本政府和商业领袖就派人去西方学习政治、经济和社会公共机构与制度。这些使团的其中一个目标是，获得能达到西方国家技术能力水平所必需的知识和技术。我在《回应》中写道："这个阶段对发明基础技术的意义很有限，因为借鉴比重新发明更实惠，而且日本人也可以集中精力进行工程改进，这使得他们比外国更有优势。"到二十世纪七十年代末，日本很多领域的技术能力已经能与世界水平比肩，他们也已经准备好在很多领域的技术发展和创新方面发挥引领作用。

我在《日本第一》中提出的基本论点是，美国应该展现出过去日本学习美国那样的强烈愿望去向日本学习。

书刚出版的时候，美国人对日本和日本人只有一个模糊的印象。老一辈人可能还会想起珍珠港和二战时期日本天皇裕仁身着军装骑在马上的形象。他们也可能记得战后初期从日本输出的便宜商品，当时"日本制造"意味着粗制滥造的玩具。

在美国的一些中小学，日本史是学生学习的世界历史的一部分，但是对日本或其他亚洲国家有深刻了解的美国教师几乎是凤毛麟角。在课堂上，老师和学生可能会讨论文化和风俗的差异，比如，日本人到家进门前要脱鞋，日本女性穿和服，富士山是一座很高的山，日本人像机器人那样在工厂干活。到大学阶段，各大院校在过去的几十年中大量增加了日语或日本历史文化的课程。

从某种意义上说，缺乏专门研究日语和日本的学术课程，是美国社会长久以来普遍存在的一种乡土主义的体现，可能当我还是研究生的时候，我的老师弗洛伦斯·克拉克洪从我身上可以看到同样的乡土主义。很多美国人将外来的影响与压力视为一种冒犯。他们可以过自己的生活，继续自己的事业，而不需要过于操心世界上其他地方正在发生什么。只有当动荡地区比如越南，威胁到自己所爱的人的生命时，美国人才会对自己家乡以外的世界上其他地方正在发生的事投以更大关注。

美国人开始将注意力转向日本，不是因为我的书，而是因为日本商品开始进入美国市场，并在二十世纪六十年代晚期和二十世纪七十年代影响到了美国企业的市场占有率。日本的竞争力威胁到了美国商业的未来成长以及美国工人的工作保障。这些日本人是什么人？他们为什么会如此成功？

对更多关于日本和日本人的信息需求反应最快的人和机构是美国的商学院。按照惯例，商学院主要教授商业、工商管理和其他一些与西方业务密切相关的课程。当美国企业变得越来越国际化时，他们发现自己处于一个奇怪且经常令人困惑的氛围中。拉美分部和亚洲分部的 CEO 发现他们不得不脱离正常商业方式的轨道，包括广告、市场、生产和人力资源等，他们需要介入与政府官员的协商，不得不应付当时的社会状况以及外来机构难以进入的一个典型的商业环境。

在哈佛商学院，两位知名教授乔治·洛奇（George Lodge）和布鲁斯·斯科特（Bruce Scott）开设一门名为"全球国际环境下的商业"的必修课，这门课程旨在帮助跨国公司基于多样性需求准备商业人才。洛奇和斯科特都是商学院的教授，他们曾为MBA教授高级管理人课程和人力资源管理课程，后来两人还合著了《世界经济竞争力》一书。在开设"全球国际环境下的商业"这门课时，他们收集了很多不同文化背景下从事商业活动的研究案例，并对此做了非常精彩的分析。二十世纪八十年代，由我介绍日本的案例成为他们所开课程的一部分。

贯穿美国二十世纪八十年代的是，其他商学院也开始纳入与上述有着相似目的和内容的课程。如今，很多有国际视野的商学院鼓励自己的学生学习第二外语，并从事能帮助他们了解某个其他国家的文化和社会风俗的专题研究。当然，今天的日本已经成为批判对象之一，学生必须通过学习从而在全球业务中提升专业能力。

从美国商业的整体情况来看，除了一般的工厂生产外，有两个特定的日本商业惯例对美国商业产生了重要影响，即质量管控和分包系统。

这两个特定话题不是《日本第一》的内容，但是学习日本的这一新兴趣让美国领导人思考如何从学习特殊问题比如质量管控中获益。

质量管控这个概念是战后初期从美国传到日本的。当时日本背负着"垃圾商品制造者"的名声,这个名声起源于战前。二十世纪四十年代末和五十年代初时,日本商界意识到如果他们想要在国际出口市场获得成功,就必须关注商品质量,改善名声。他们把质量管控方面的美国专家邀请到日本,学习质量管控数据分析。这些美国专家包括爱德华兹·戴明(W. Edwards Deming)博士[1]。二十世纪四十年代末,爱德华兹·戴明博士开始将费根堡姆(Feigenbaum)、耀龙(Jauron)及其他人开发的统计工具带到日本,借以改善质量管控。

日本人没有止步于此。日本科学技术联盟(JUSE)的石川馨拓展了戴明的理论并应用于日本的生产过程,于二十世纪六十年代,通过额外的质量管控工具来提高制造过程的质量。这是又一个日本人先向西方学习进而发扬光大的例子。

某种程度上,美国商人应该重新学习自己在几十年前教给日本人的质量管控经验。不过,他们在二十世纪八十

---

1 1950年,美国著名统计学家爱德华兹·戴明受邀赴日本讲学,讲授质量管理的新理念。他相当多的思想理念被日本企业所采纳乃至推崇。日本科学家和质量工程师协会甚至将年度奖命名为"戴明奖"。

年代引进的"质量管控"远比早期美国人教给日本人的复杂得多。

美国人也从日本人的新方法中学到分包制度。比如，在美国汽车工业，一家汽车公司会首先提前设计好下一年的车型，然后公布生产规范、广告招标，最终将业务交给报价最低的投标人。中标公司的出发点是生产出符合规范的最低标准的零部件。

在日本恰好相反，汽车制造商和汽车零部件制造商从设计新车型就开始合作。他们要求零部件制造商协助设计新车型的零件，等到设计全部完成后，零部件制造商才能投入生产。因此，他们不需要像美国汽车制造商那样等待很长时间来收到他们需要的零部件以完成新车的加工制造。汽车零部件制造商已明确知道需要的生产规格，因此不会去生产符合规范的最低标准以降低成本，而是与汽车制造商继续合作提高质量和效益。所以当推出新车型的速度是比赛的一部分时，日本的关联企业制度比美国的合同制度运行得更快。

美国的很多汽车制造商开始寻求改善与汽车零部件供应商关系的方法，并开始协调两三家供应商之间的竞争以更快周转。

一些美国企业想要改进生产，就将日本工程师引进到自己公司以便学习。但也有一些美国企业对学习日本经验仍表示怀疑，并且抵制运用日本模式。

当日本公司开始在美国设立工厂和办事处的时候，美国公司甚至还没有去日本向他们无法避免的日本竞争对手学习。我有一个才华横溢的往届学生，里克·戴克（Rick Dyck），他作为中间人全权负责将本田带到了俄亥俄州。很多日本公司到美国来的一个原因是担心美国不断增长的保护主义会导致自己被排除出美国市场。早期进军美国的本田和其他日本公司为后来的日本企业铺好了道路。

一俟本田工厂在俄亥俄建立起来，这个企业在汽车制造领域树立起了一整个全新水准。在本田工作的美国雇员可以看到截然不同的纪律和企业忠诚度。本田提高了雇佣关系水平以及生产质量水平。其他附近的公司也从中学到不少。

我是俄亥俄人，所以会经常回去看看。我记得有次和一位日立供应商聊天，他告诉我日立让他去日本开会。在会上，日立公司工作人员告诉他："你知道我们有很多供应的零部件是你们生产的，但到目前为止你们公司是最差的。你们的质量管控远远低于最低标准。如果想要明年继续卖给我们零部件的话，你们必须做出彻底的改变。"接着日立公司解释了什么地方出错了。

这个供应商垂头丧气地回到俄亥俄，但他努力工作，按日立公司提出的建议进行改革。一年内，他设法让自己公司生产的零部件能达到日立的最高标准。最后，他的公司远远超过其他生产同类零部件的美国公司，他说："我们非常感激日立及时逮到我们，现在我们已远远超过同行了。"他的公司得益于学得早。

学得最好且最快的美国公司一般是有日本合作者或对日投资的，比如 IBM、福特汽车和施乐都是最早向日本学习的公司，它们都有日本合作商。

非常有意思的案例是国民收银机公司。起初，国民收银机公司生产并销售机械收银机。如果不是因为比尔·安德森（Bill Andersen），这家公司有可能继续生产并销售机械收银机。当安德森还是个孩子时，他在中国住了很长时间，所以对亚洲很熟悉。二十世纪五十年代，国民收银机公司派他去领导日本分公司运行。任职期间，他发现日本人在电子领域的前进速度非常快，于是开始和这些领域的日本人打交道并观察日本电子制造商如何销售他们的产品。

一九七六年，安德森回到美国后，成为国民收银机公司在俄亥俄州代顿市总部的总裁，他意识到如果国民收银机公司想要在与新的亚洲竞争者的竞争中生存下来，就必须迅速转换至电子行业。他夜以继日地工作，将公司从一个机械收银机生产者转变为电子收银机生产者。这个改变拯救了公司，也使之成为电子产品市场上有能力的竞争者。

当然，国民收银机公司作为市场竞争者也引发很多美国公司试图追赶日本竞争者。我希望《日本第一》能让美国人将注意力放到普遍性问题上，尽早提醒美国商界人士总比他们日后被警告来得好。我在书里面没有用太多珍贵的数据和事实，但是我相信潜在的议题能帮助很多公司提升警觉度，让他们意识到需要做出改变以保持竞争力。

我认为很多日本机构和制度不可能也不应该在美国得以推广。例如，在引导商业行为方面发挥积极作用的精英官僚制度，不仅会面临来自商业人士的强烈反对，还有来自普通美国民众的反感。历史上，美国人对政府干预他们生活的行为非常不信任。

当我和美国商人谈话时，我提出美国政府和商人应该更密切地合作以改善美国的竞争力。但是，很多商人反驳称这很困难："你看，他们的政府是帮助他们的，但我们有反垄断法，政府试图让我们破产。而日本政府却试图帮助日本商人增加出口。"

面对这些争论，我决定在我的下一本书《回应》（日文版的书名是"对日本第一的反思"）中探讨如何让美国政府和企业能更好地协同合作。

在《回应》一书中，我选择了四个不同的领域——日本政府与美国政府在各自经济领域扮演完全不同角色，并将此作为案例研究。

第一个案例讨论船舶制造业的发展。一九四五年，日本的船舶制造业乱象丛生，等船舶制造企业能为大量员工提供岗位还需要花很多年的时间。到二十世纪六十年代末，在政府大力协助下的日本轮船制造商成为全球市场主导者。第二个案例追溯了机床与机器工业的发展。这个行业基本上是在政府—企业合作之外发展起来的，但无论如何在危急时刻得到了政府的援助和指导。第三个案例分析了政府在九州的角色，在当地逐步淘汰煤矿开采工业后，政府想办法阻止经济落后。在第四个案例中，我讨论了政府如何将信息工业推到前列。

针对美国的情况，我选择了四个不同的、政府—企业合作非常成功的领域。第一，房地产。二战结束后，美国政府通过向退伍士兵提供低利率贷款以鼓励他们购买房子。第二，政府激励农业出口。我展示了我们如何利用《第 480 号公法》[1] 和农业部农产品外销局向美国农民和农

1　即 1954 年美国国会通过的《农产品贸易发展暨补助法案》。

业公司提供大量的指导，从而帮助推动农产品出口。第三个案例是颇受关注的北卡罗来纳州，通过州政府层面的政府—企业合作建立起一个先进技术中心——三角研究园[1]。最后，我写了美国国家航空和航天局（NASA）的例子，即便是和平时期，在 NASA 也有大量的政府—企业合作以发展全新前沿技术。

这本书的基本观点是美国人也可以找到创造政府—企业合作的方法，我们也能在面对大量日本竞争的领域内取得进一步合作。

事实上，二十世纪八十年代，为了避免落后于日本，美国有很多提高政府—企业合作的新努力。多年来，政府以各种方式着眼促进私人企业提高竞争力，同时避免陷入强硬干预的模式。

一九九三年至一九九五年，当我在位于华盛顿的国家情报委员会工作时，有机会看到克林顿政府是如何鼓励政府—企业更好合作的一手资料。商务部长罗恩·布朗（Ron Brown）但凡有国际旅行，都会带上一群商人。很清楚，一个目的是将美国公司引荐给能帮助他们在其他国

1　三角研究园是美国最大的高科技研发园区之一，因位于北卡罗来纳州罗利、达勒姆与查柏尔希尔三座城市之间，故得此名。园区内企业机构超过 150 家，研发设施超过 130 家，雇员近 4 万人。

家找到生意伙伴的人。

另一个明确目的是，要让企业和关注贸易商业的其他各行业达成更好的合作。他相信通过将政府官员和商人安排在同一个出访代表团中，能促进企业和政府官员推动贸易的合作。

我在《日本第一》中提出，像通产省这样的政府部门，既能协调政策，也能向各经济部门提供指导，为日本成功推动工业增长做出贡献。比如，通产省积极主动指导工业增长，我在书中是这样写的："他们把工厂和设备的指标设定在高水平上，为达到这个水平，让缺乏资金的公司合并起来，诸如此类，努力加速现代化进程。另外，通产省还大胆设想改组产业结构方向，将资本集中到将来能使日本发挥国际竞争力的领域。"

在一九八五年《回应》一书中，我建议美国政府组建一个协调经济和商业策略的机构。我推荐的是国家竞争力委员会。我写道："现有的白宫成员重组一个新的子部门，与国家安全委员会并行。这个小型委员会可以审查主要的国内政策，从而来影响国际竞争力：一、对于受到国际竞争不利影响而陷入危机的重要经济领域作出提前预警；二、针对竞争力的重要行动所带来的影响作出分析；三、为全面实现健康有竞争力的经济目标制定指导方针。"

我还认为委员会成员应该在处理商业、劳工、国会、预算、传媒和研究团体的关系上有广泛的经验和见解，而且他们可以直接向总统汇报。

在写这个建议时，我利用了自己研究日本机构时的经验和想法，试图说明在美国应设立具有相似功能的机构。

一九九三年一月二十五日，克林顿总统签署了组建国家经济委员会的行政命令。这个委员会成员包括内阁成员、经济顾问委员会主席、美国贸易代表处代表和国家安全顾问。

委员会的主要功能是：协调经济政策制定过程与国内国际经济问题；向总统提出经济政策建议；确保经济政策制定和计划与总统的国家目标一致，确保这些目标能有效实现；以及监督总统履行经济计划。

今天，美国面临的经济问题与国家安全委员会关注的安全问题有着相同的协调机制。这是美国政府向日本模式学习的一个重要领域。我不能说这是《日本第一》和《回应》的出版埋下的种子，但我能感受到这两本书中所提到的问题大大提高了美国人的关注度，两本书可能让他们加强关注，并让他们看到这样一个组织的效率。但我必须承认国家经济委员会并没有像我所希望的那样运行良好；相对于理性思考全国工业战略，它更多受到政治和宏观经济学的影响。

今天,《日本第一》出版已经过去二十多年了,无疑,我在书中所描述的那个日本也已经经历了巨大变化,并面临着部分因成功而带来的令人烦恼的挑战。

但是,日本从一九四五年到一九九〇年间所取得的成就远远超过从二十世纪九十年代开始碰到的问题。此前没有一个国家能在这么短的时间内取得如此高速的经济增长率,没有一个人能在这么短的时间内享受到如此巨大的生活质量改善,在战后历史上也没有其他国家能对西方政府和商业领袖施加如此巨大的影响,迫使他们重新检视自己的经济制度。

我相信日本的竞争力会为美国经济复苏铺平道路。美国从日本学习或重新学习经验教训。日本市场的成功使得美国商界做出回应,尽管这有可能是《日本第一》的影响,这些书随后也刺激了政府和商业领袖更加快速地回应,并对相关问题有更好的理解。

第五章　问题出在哪里

日本正在经历长期的衰退。日本国内生产总值（GDP）的真实增长率从二十世纪八十年代的 4% 下降到一九九一年至一九九八年间的每年 1.25%，这让日本成为主要工业国家中增长率最低的国家。而一九九九财年，日本政府预测增长率仅为 0.5%。

失业率则创下了 5% 的新历史纪录，银行仍无法解决未偿的巨额坏账，大公司破产数量空前高涨。日本家庭必须想方设法来扩大每个月的家庭收入。老龄化问题威胁到了日本的生产力。日本面临的问题看起来异常复杂，也难以找到解决办法。

"傅高义，你怎么会出这么大的错误？你说日本第一，日本究竟哪里出问题了？你认为现在哪个国家是第一？中国？美国？"

现在，不管我什么时候给团体或组织做讲座，尤其在日本，在问答环节时我都会被频繁问到这些与《日本第一》有关的问题。往往，这些问题含蓄地批判了我在书中提出的观点和结论。

直到今天，我对自己提出的观点仍然很自信，也认为《日本第一》得出的结论在其出版时代背景下是正确和有效的。

这些观点和结论基于研究和观察。在写书的时候，我对日本的各种机构和制度作了仔细研究，也对促成日本跻身世界级竞争者的因素进行探讨。此外，从一九六〇年开始，我每年都会访问日本，以个人角度观察已经发生的实际变化。我可以看到日本人生活质量的改善以及他们对生活方式的满意度日益增长。这些变化和改善都得到了很好的管理。

我从来不认为日本是世界上最大的经济体，我也不主张日本的国民生产总值（GNP）能超过美国。我定义"第一"这个词是为了说明日本是工业国家中应对自己面临的变革和挑战最成功的一个。日本成功地在世界市场上进行激烈竞争。日本在二十世纪六十年代和七十年代初期垄断了造船业，从二十世纪八十年代开始为汽车制造和电子商品的竞争定下基调，而且在二十世纪七十年代晚期和二十世纪八十年代确立了半导体领域的支配地位。以上只是日本在相对很短时期内取得的众多成就中的一部分。

现在日本的经济问题主要是由金融领域引发的。我在写这本书时，没有涉及金融货币市场，只写到了基本的社会制度。我提到的优势很大程度上今天依旧存在并将继续帮助日本强大。

日本真正的经济问题开始于一九八五年的"广场协议"，该协议掀起了经济泡沫，也是由美国里根政府在二十世纪八十年代实行削减预算造成的。[1]

在二十世纪八十年代初，里根总统很好地兑现自己的竞选承诺，减税并削减美国联邦政府预算。不久后，通货膨胀使得美国经济升温。美国不得不向国外贷款人借钱。这导致美国国内市场利率上涨，大量货币流入美国以利用高利率赚取好处；美元开始升值，进而引发了美国出口问

1　1985 年 9 月 22 日，美国、日本、联邦德国、法国及英国的财政部长及央行行长在纽约广场饭店举行的会议上达成共识，同意联合干预外汇市场，引导美元对其他主要国际货币进行可控、有序的贬值，以解决美国巨额贸易逆差问题。"广场协议"签订后，日元在六年内升值近 4 倍。日本企业利用日元升值，开始在海外大量收购资产。日本国内的经济泡沫亦迎来最高峰。

题。从一九八〇年到一九八五年，美元升值60%。里根总统声称："强大的美元是美国经济强劲的反映。"但由于美国出口商受到伤害，加大了美国抵御国外商品的压力。

美国和我们的贸易伙伴，尤其是日本，意识到必须要做些事情。这就有了一九八五年九月二十二日由美国、日本、英国、法国和联邦德国财政部长之间达成的"广场协议"。他们达成的共识是帮助美元贬值，希望校正人为推高美元价值的趋势。

这样做的一个理由是日本同意通过日元升值来减少美国保护主义的危险。日本担心如果日元不升值的话，美国国会将通过法案来限制进口日本商品。因此，日本大藏[1]大臣竹下登与时任美国财政部长的詹姆斯·贝克（James Baker）达成了日元对美元升值的协议。

为了帮助由于日元升值而陷入出口困难的日本企业，日本政府推行货币宽松政策。该政策及同时汇率高涨的日元一同导致了经济泡沫，最终的结果远比人们预期的更糟。

物价、服务业价格和股票飞涨，房地产价格随之飙升。每个人看起来都沉浸在兴奋之中。当时很多日本人都

1　大藏省原为日本最高的财政机关，统管政府财政与金融体系监管。2001年日本开始实施中央省厅改编，大藏省的权力被分解，重新改组为财务省与金融厅。

认为他们强大的购买力直接反映了强大的经济实力。当时日本的投机买卖行为也十分兴盛，这推高了股票和房地产的价格。很多人期待通货膨胀螺旋将价格推得更高。

由于日元升值，日本人无论何时出国旅游都能以合理价格购买商品。于是，日本人开始疯狂消费，他们一口气买下大量美国和欧洲的商品、房产和企业。其中一些购买者在美国引发了怨恨，比如当他们买下纽约洛克菲勒中心和两个重要的好莱坞电影公司——哥伦比亚影业公司和环球影城的时候。

二十世纪八十年代末，有些日本官员意识到日元价格太高了。日本大藏省的一位要员告诉我，他和他的同事认为必须采取更严厉的措施来使经济降温。但是在泡沫时期从公众积极性中获利的政治家们没有给予他们必要的政治支持以抑制通货膨胀。

日本人在那些令人陶醉的日子里逐渐从自信变得自负。我记得和野村证券的一位高层官员谈话时，他自信满满地表示在野村联盟中没有美国公司的位置。他认为，甚至美国政府也仰赖日本购买美国国债才能度日。我紧紧地闭上嘴，但是我必须承认，在听他讲这些话的时候，我很不舒服。

泡沫经济时期，野村证券邀请我的一位往届学生加入他们，该学生曾在中国香港的银行信托公司担任首席经济学家。他答应会考虑这个职位，只要他能进行他认为必要的改革。但野村证券拒绝了他的条件，所以他没有加入。

几年后经济衰退时，野村再次接近他并邀请他加入公司。这次，他们想要进行他建议的改革，于是我的这个学生就答应加入公司。

很多人还记得我在日版《日本第一》序言中曾对自负的日本读者提出警告。最近有人问我是否认为日本最大的问题是"傲慢"。我在序言中用了希腊词"hubris"（傲慢）和"nemesis"（报应）来解释那些有着戏剧性缺陷又不可一世的英雄们是如何遭遇戏剧性失败的。我确信过度的自信让日本人无视按部就班解决问题的重要性。

一九九〇年经济泡沫破裂，日本人面对低谷感到十分懊恼。据《华尔街日报》一九九七年七月二十四日发表的一篇文章称，二十世纪九十年代上半叶日本资产总值损失将近十万亿美元，相当于日本在二战后预估的经济损失总和。日本的银行和房贷公司被不良贷款束缚，有人估计总量大约在八十万亿日元左右。

日本政府二十世纪九十年代在处理不良贷款问题上速度放缓的原因之一，是民众不准备使用公共基金来为投机行为带来的损失埋单。绝大多数日本人工作勤勉、谨慎、节俭，不喜欢投机。他们相信很多投机分子是黑社会人员，为了获取暴利那些人甚至铤而走险，但他们失败了。他们应该为这些后果埋单。"为什么我们要为房贷公司解套，是谁试图从投机行为中赚取巨大利润？"

即使在日本进入衰退期后，政府预算继续增加，政府开支仍超过收入。很多经合组织（OECD）国家要求日本将政府账目处理得井然有序，做到收支平衡。来自经合组织国家的压力以及平衡预算的责任感促使大藏省将消费税从 3% 提高到 5%。[1]

到二十世纪九十年代，日本在追赶时期的那些运行良好的系统需要改变了。其中一个便是官僚集团和政治家的关系。就像我在《日本第一》中提到的那样："日本官僚的权限比美国官员大得多，但政府的其他部门，如司法部门和地方自治与美国相比，权限就小得多。虽然内阁高级官员有相当大的权力，但比起美国国会，日本国会的权力较弱。而且，日本许多行政法规是由官僚而不是由国会议员起草的。"官僚体系变成了为经济提供指导和保护的

---

1 1989 年，日本首次开征消费税，税率为 3%，同时废止了"物品税"。1997 年，消费税上调至 5%。2014 年上调为 8%。2019 年 10 月后上调至 10%。

"护航机构"，让企业在他们的指导下在经济复苏早期能良好运行，并按确定的目标来发展。

然而，到二十世纪八十年代，这个机构需要针对全球市场的快速变化做出更有弹性的回应。很多规章制度在当今市场看来显得不合时宜。面对这些日新月异的变化和创新，你要么保持在竞争行列的顶端，要么就退出比赛。

很多有远见的日本人意识到，官僚集团必须改革才足以应对由全社会和全世界的快速变化带来的挑战。问题是，没有人明确知道该如何做。我记得在二十世纪六十年代和七十年代时，很多由政府官员和商人组成的学习会，对特定的议题和问题进行反省；当他们看似能找到解决问题的方法时，也会感到兴奋。这类组织经常开会，但他们鲜少清楚该做什么。一个有能力的官员能在稳定的制度中提出有效的指导和明确的指示，但是由于现在的问题非常复杂，远远超过了单一的管辖范围，只有政治家能颁布得到公众支持和广泛配合的大刀阔斧的改革。只有政治家能在当今快速变化的国内外环境下协调官僚机构和决策层。

我相信日本也因此需要培养更多的、有见识且对官僚体制迄今为止所处理问题有深入了解的政治家。他们必须有能力在国际会议中有积极的作为。我认为已经有不少符合要求的人。一位是盐崎恭久[1]，曾任大藏省副大臣，他的父亲曾经是大藏省官员和日本经济企划厅的负责人。他就读于哈佛大学肯尼迪政府学院，英语流利；还曾在日本央行工作过很多年，对财政问题颇有研究，现在日本国会参议院工作。

在外务省，符合要求的是担任过副大臣的两个人，武见敬三[2]和町村信孝[3]。他们都是国会议员，家庭政治背景悠久深厚，而且都才智过人。他们对相关议题非常了解，且有能力在国际会议中有效表达自己的观点。

另一个能影响官僚体制改革的人是 Hideyaka Tanaka[4]，通过婚姻关系，他和日本前首相及现任大藏大臣宫泽喜一建立了联系。

Hideyaka Tanaka 几年前离开大藏省后组建了一个智

1　盐崎恭久出生于 1950 年，曾在东京大学与哈佛大学学习。1993 年当选众议员，2005 年担任过小泉纯一郎内阁的外务副大臣，之后曾出任第一次安倍内阁的官房长官。2014 年凸任过厚生劳动大臣。

2　武见敬三的父亲是原世界医师协会会长、日本医师协会会长武见太郎。2006 年曾担任第一次安倍内阁的厚生劳动副大臣，现为参议员。根据 2017 年调查，个人资产达到 4.7 亿日元，成为日本最富有的国会议员。

3　作为前北海道知事之子，町村信孝自 1983 年起共 12 次当选为众议员，历任文部大臣、外务大臣、内阁官房长官以及众议院议长。2015 年六月病逝，享年 70 岁。

4　疑为作者笔误。可能是指加藤秀树，大藏省出身，宫泽喜一弟弟的女婿，退官后经营智库，后为日本最重要智库东京财团的理事长。

库，为重组官僚体制提供有才能的领导人。

智库囊括了一批四十岁左右、拥有海外教育背景的青年男女。他们有能力在改革和重建官僚体制中发挥重要作用。他们有能力为日本带去更宽广的视角，以应对日本面临的问题。

要变革官僚体制，就需要更多这样的人才。官僚体制是无法自我革新的。在民主制度下，顽固的既得利益很难克服。日本需要有知识和远见的政治领导人来进行改革，并减少既得利益的阻碍。

关于各机构在金融全球化新时代如何适应赶超的需要，日本银行体系改革便是一个鲜明的例子。

在明治时代，政府鼓励民众将钱存在邮局或银行中。银行和邮局转而将钱借给不同经济领域的企业。因为储蓄利息很低，所以银行能以很低的利率贷款给企业。

直到二十世纪九十年代，日本金融业仍主要面向国内。日本的银行将持有土地视为信用价值的基础。他们不介意将巨额钱款借给那些资产组合中包括大量房地产、且在上面建造了办公楼和工厂的公司。在泡沫经济时期，土地价格戏剧性增长，有些银行开始基于通胀的土地价格向外贷款。当市场萧条来临，土地价格却提前下跌，日本银行也因此遭遇巨额坏账损失。

资本全球化让日本国内金融体系变得过时。庞大的资金流动和金融交易在全球范围内进行，有储蓄的人可以在海外投资以获得更高的回报率。企业现在也可以在海外市场筹措资金。

这对日本国内制度产生的影响才刚刚开始。比如，当公司在海外筹措资金时，他们不得不进行调整使得投资回报率更高，从而吸引国际投资者。日本的回报率通常比国际上的回报率要低得多。像日产汽车公司这样的日企将不得不向国内外股东展示自己的营利能力。依靠国际资本的日企将不得不进行大规模调整以达到全球盈利标准。

与此同时，通过海外集资和建立海外公司，日企放松了自己与大藏省之间的相互束缚。大藏省无法轻易控制他们在海外的活动。因此，这些公司不愿再像过去经济复苏成长时期那样遵循大藏省的指导方针。

日本金融机构更加不得不适应在国际金融市场上的竞争。日本的银行规模都很大，也没有被迫在全球范围内竞争，以至于和国际市场间渐有隔绝。日本的制造企业必须具备国际竞争力才能在国外卖出产品，但是日本的金融企业没有类似的压力。最近几年，随着日本金融市场逐渐开放，像高盛、花旗银行、摩根士丹利这样的外国金融机构扩大了在日本的市场。他们提供很多日本金融机构无法提供的服务。一位高盛的高管告诉我，当日本企业和公司想在全球范围内重组时，日本的银行不能给他们某些必需的建议，因为银行本身也没有足够的专业知识。日本客户必须向有经验的外国金融机构寻求建议。

日本市场上的这些来自外国银行的竞争已经创造了一个全新的竞争环境，让日本企业有了必须达到国际标准的压力。相比于没有外国竞争刺激的情况，这些最好的日本金融机构将变得更加成功。但是，重组金融业以提高效率并达到国际标准需要时间。

不过，日本银行业已经开始朝着正确的方向采取步骤。自一九九一财年起，他们在八年内处理了共五十六万亿日元的坏账。国际性企业如第一劝业银行、富士银行和兴业银行也将加快金融业的全面调整。[1]

这三家银行的行动展现了日本人想要攻克目前摆在眼前的问题的决心和意愿。大藏省和日本企业可能会被批评改革速度太慢，甚至裹足不前。但是那些批评的人应该牢记，在一个大企业对雇员负有重大责任的民主文化中，所

1　2000 年 9 月，第一劝业银行、富士银行和兴业银行通过股份转移的方式联合成立了瑞穗金融控股集团，其中以第一劝业银行为主体成立瑞穗银行。2005 年，瑞穗银行成功处理了经济泡沫破裂后遗留下来的高达 2800 亿日元的不良债务。次年，瑞穗银行在纽约证交所成功上市。

面临问题的艰巨性和打破既得利益的难度将会更大。

在明治时代，一旦寡头们意识到自己想要引领日本的方向，就可以制定决策和改革体制，因为他们大权在握。今天，在民主制度下，日本领导人必须与不同的利益集团抗争，每个利益集团都有特殊的议事流程，面面俱到才能最终建立起共识。

在日本国内或海外，有些新闻媒体和评论员试图"唱衰"日本，他们认为日本没有光明的未来。确实，日本的很多经济指标很糟糕，但是我认为很多媒体和评论员过分强调了当今日本所面临的问题，却往往忽略日本仍保持着巨大实力的事实。

日本社会是开放与民主的，民众识字率高，言论自由，实行多党制政治体制，拥有普选权并进行公开选举。它也有一个高度发展自由市场的工业经济。尽管这是战后历史上时间最长、最糟糕的衰退期，但是日本仍保持着世界第二大工业经济体的体量。

日本依旧维持着非常高的储蓄率。一九九八年的《日本统计年鉴》显示，仅一九九六年，日本人在邮政储蓄账户中的存储超过 213 万亿日元，过去五十年中日本人存下了他们收入的 23.9%。

在私营领域，很多日本制造企业显示出了应付成本上涨的强大能力，并在世界市场保持竞争力。由于日元升值，国内成本自一九八五年开始翻了一番，不过很多出口商还能获利并获得一个巨大的国家出口顺差。这时候美国企业的国内成本是日本的一半，但仍旧面临着来自日本的强大竞争。很多经济学家在讨论一个国家的经济成就时，没有针对企业为了适应汇率变化而必须有所行动一事给予充分考虑。

关于终身雇佣制的终结，就像过去二十五年中每一个《纽约时报》驻日记者在文章中所写的那样，终身雇佣制终将消亡。当然，这个制度现正处于压力之下，但我相信公司对骨干员工承诺的基本制度仍将持续。公司今后只会雇用若干新员工，并更多地利用派遣员工和外包。但这个制度给日本带来很大好处，帮助日本维持了一个强大的社会，很多时候已经证明了当这个社会遭遇衰退时也会比美国社会更坚强。

另一个积极信号是，越来越多的日本创业者开始自己开办公司。日本人意识到需要风险投资，但是发展进度仍落后于需求。

二十年前官僚机构在策划企业路线时发挥着很大作用，有进取心的日本年轻人一般就加入了已成立的公司。在《回应》中，我讨论了当时像东芝、日立和日本电气公司这些企业都在内部成立了很多独立团体，其中囊括了有才华的创新人才。

这些人提出革新性的想法以改进现有产品并开发新产品。在二十世纪八十年代末，有些公司在引进新生产设施上投资巨大，因此当经济萧条时，他们没有意愿针对下一轮的发展和创新进行投资。在二十世纪九十年代，由于产能过剩，一些日本企业投资新模型的力度已经远远落后，因为他们没有那么多的资金持续投入新研发。

与美国的很多企业相比，日本企业照顾自己员工的准则和责任意识仍旧很强。例如，一九九九年底，日本电气公司提议如果五十岁及以上的员工愿意退休的话，将向他们提供长达两年的部分带薪假。该提议是日本电气公司针对十五万员工裁员 10% 的调整方案的一部分，这为中年员工提供了学习新技能的机会，同时也能获得他们 70% 的固定工资。

当今的时代对于一个企业想要通过开发新产品来跟上日新月异变化的做法并不算友好。在高科技企业，我们就以 XYZ 公司来代称，当它提出一个新产品或一个新系统，并准备投资以备生产之用时，突然，一个叫 ABC 的人或企业提出一个全新的观点。XYZ 公司已经在产品制造上投入巨大并且没有改变产品性能以跟上 ABC 的创新。在美国，创立一家全新的公司可能是为了制造并销售一个全新的产品。

日本的问题是如何获得这些崭新有活力的企业。风险投资是非常冒险的。一个风险投资公司可能投资十个有前途的企业，前景是有些人会失败有些人会赢。如果有一个投资最终实现得非常好，那么这个风险投资家就会变得富有。

很多日本人对风险投资的概念感到不舒服。索尼总裁盛田昭夫曾在二十年前告诉我，日本人不是赌徒。他们不介意谈风险，但不喜欢赌博。在很多日本人的想法中，风险投资很像赌博。

有人说日本缺乏创造力，但事实上日本人有着惊人的创造力。像世嘉、索尼和任天堂这样的公司创造并制造出了领先世界的电子游戏。很多创新能量进入游戏编写和设计环节。

大家可以看看"精灵宝可梦"[1]。这款游戏的很多创作人高中辍学，在很多保守的日本人眼中，他们是典型的叛逆形象。再比如由日本人支配的动漫产业。

问题不在于没有创新或没有崭露头角的企业家，而是

---

1 精灵宝可梦（Pokémon）是日本著名电子游戏公司任天堂的"看家游戏"。初代发布于 1996 年，历代系列总销量超过 3 亿份，也是世界范围内影响最大、最受欢迎的电子游戏作品之一。

在于如何好好利用日本现有的创新力，因此需要更多诸如此类的独立公司。

正是由于在日本观察到的上述这些积极因素，我对日本有能力让自己从目前的经济衰退中走出来感到非常有信心。但是过去的十到十五年，世界一直在快速变化，日本需要更多的体制改革。这些摆在日本面前的任务是具有里程碑意义的，我感觉日本正在着手解决。

美国经济正蓬勃发展，与日本有着悬殊的收入差距。美国公司是为金融界经营的，不一定是为了公司、管理层和雇员的利益。

未来很明显的一点是，美国企业对经济衰退的反应太快了。因为他们依赖于金融指标，而没有对社会因子做充分考虑。当企业调整裁员时，股市反应良好；但就社会层面而言，影响并不好。看看美国底层社会的大多数人都对脱离主流社会感到无助。再看看大量遭到美国企业解雇的员工正在经历创伤调节。美国的领导者应该更多考虑的是，当这些人因为企业重组而失去收入后，家庭必须付出的心理成本。

很多美国公司已经变成了"数据处理器"。他们过度依赖会计分析来衡量盈利增长。有时候会计分析不只会影响企业从整体角度去关注局部问题，哪怕只涉及小部分或单独的部门。如果其中有四分之一没做好，个人可能会被裁，还有可能这种情况本身会导致个人人际关系的改变，因为各部门的员工可自行决定是否留任，从而以牺牲同事作为代价。当他们失去工作时，这种情况便会制造焦虑感和挫败感。和过去相比，现在这样更容易造成自私，员工之间的关系更脆弱，工作上的信赖也更少。部门员工可能不会对自己部门之外的事情更加投入，因为他们知道自己有一天会不得不与其他每个部门竞争。

之前提到过的一位我的学生里克·戴克，很长一段时间内他领导着泰瑞达[1]日本公司。他过去经常讨论一个很多人开始意识到的问题，现在的美国公司过于受基金经理的影响。基金经理想要看到公司以某种方式运行，从而可以给他们的投资者带来回报。如果公司中的某个部分做得糟糕，基金经理就会卖掉股票，这会导致公司市值下降。如果股票价格下跌，CEO 将陷入巨大麻烦，并极有可能处于位子不保的危险中。这也会导致频繁的人事重组。

如果美国经济陷入低谷，而美国人又经历经济停滞，企业仍严格遵守会计分析方法，可能会对企业产生毁灭性影响并造成巨大的社会问题。会计分析这一流程是有用

---

1 泰瑞达是当时全球范围市场占有率最高的半导体测试机台及相关系统芯片生产企业之一。

的，但需要和社会因素相平衡。

在这点上，我相信美国和其他的工业国家仍应该学习日本经验。

简而言之，就我个人在二十世纪七十年代后期观察到的日本长处——愿意从全世界搜集新信息和新想法，尽管教育界存在发展问题但仍有能力为每个人提供高质量的教育，全社会低犯罪率，企业忠诚度，以及哪怕是它的官僚体制——在全世界都称得上是优越的。

同时，日本必须要着手解决问题，它需要强大的政治领导力，既会思考基本政策，也能更好地克服来自特殊利益集团的压力。如果日本不能足够迅速地处理自己国家所面临的问题，那将会跌入更深的衰退期。不过，日本仍可以很好地为世界市场造福并解决国内社会问题。

尽管日本需要对自身的机构和制度做出巨大修正，我相信他们过去取得的成就仍旧可以为很多发展中国家提供经验教训，特别是在指导工业发展和运营生产设备方面。我仍相信世界上没有一个国家能在质量、效率和新产品开发上超过日本。

日本还是第一吗？根据我在书中的解释，不得不说，不是。但它仍远比很多外国经济学家和评论家想象的强大得多。

第六章　自上而下的改革

　　出生于二十世纪三十年代的日本人是在动荡年代中长大的。那时绝大部分日本人不是在农田干活就是在家族企业上班，而且也像其他国家遭遇大萧条的人那样为生存而挣扎。当二十世纪三十年代和四十年代日本在中国和南太平洋发起战争时，很多日本家庭的父亲被征兵，在陆军或海军服役。二十世纪四十年代以前的日本家庭，孩子们要帮助母亲和祖母在日常生活中存活下来。一九四五年，当他们听到天皇发表战败广播时，感到不可置信，并向老一辈日本人表示担忧："日本将会发生什么？""我和我的家人将面临什么？"

　　战后初期，日本处于一片废墟之中。城市里的人在废墟中翻找东西，用废弃金属做成锅碗瓢盆。这与二十世纪三四十年代日本借由殖民地和经济增长成为世界上最强大的军事机器，已相距甚远。

战后初期，很多日本人居住在简易过渡房中，或者搬去乡下亲戚家里。结核病流传，到一九四八年开始出现食物恐慌。老一辈的日本人还能回想起他们的父母如何变卖地产来换得食物，但即使吃完饭还会觉得饿。他们过着勉强糊口、过一天算一天的生活，也恳求有能力的朋友能为自己觅得一份差事。

政府和企业从一九四五年到一九五二年间一直在占领盟军的指导方针下运营，但他们仍坚持不懈埋头苦干。幸运的是，很多政府和企业领导人有足够远见，坚定不移引导日本度过经济复苏和发展时期。在二十世纪四十年代末的高级官员整肃后，被作为"第三等"对待的较低层官员便得到升迁，这一做法也被证明是有价值的，他们为发展繁荣做出指导并打好基础。

日本人高度自律且富有奉献精神，他们准备好了进行自我牺牲，为了经济建设这一共同目标而努力工作。而持续提高的生活水平，让日本人看到了自己辛勤劳动的成果。

二十世纪三十年代出生、饱尝战争艰苦的日本人常常会感谢他们今天所享受到的一切，甚至拿他们自己在二十世纪九十年代经济泡沫破裂后的生活与父辈们在三十年代、四十年代的生活相比，他们仍认为自己非常幸运。经过五十多年的时间，他们有能力让自己过上一种没有政治冲突和重大社会混乱的生活，努力工作提高生活水平。今天，依旧积极活跃、充满活力。他们担忧自己的儿孙辈是否能够继续享受繁荣，甚至担心日本是否会维持强大的经济力量。

实际上，所有在二十世纪六十年代后出生的日本人都成长于社会和平稳定、经济繁荣带来的利好中。物质上，他们已远远超过了战前的日本人。一旦通过了这个检验，他们更注重个人生活的享受，很多人对自己的生活方式感到很满意。

然而，经济泡沫破裂、长期经济衰退动摇了日本人的信心，他们开始对未来感到不安："日本将发生什么？""我和我的家庭会发生什么变化？"

尚未步入职场的日本年轻人担忧经济泡沫破裂会影响自己和朋友。很多企业雇员也很想知道自己的工作是否安稳。

有人被迫提前退休但只能拿到微薄的待遇。目前仍留在企业的员工的工作时间变得更长，这样企业才能降低成本和保持竞争力。

对于一些发觉自己失去工作的日本人而言，曾被承诺终身雇用、但在工作时突然被解雇所带来的震惊，是难以忍受的。

然而，日本人还没有感到更迫切地需要做出巨大改变的一个原因是，在他们的私人生活中，可以继续享受高质量的生活，也比西方人存下更多的钱。与美国人相比，尽管日本人拥有的平均居住空间更小，当下却享受着最新的电子产品、更现代的厨房用具和更高质量的服装。

出生率下降

今天，日本人的结婚年龄是世界上最大的，而生育率却是最低的。[1] 有些家庭由于资产价值突然下降而受损严重。以二十世纪八十年代末买房的家庭为例，当时相当于五十万美元的房子，现在可能只值三十万美元，但是贷款利率仍和之前一样，因此他们几乎成了银行的契约工。按理来讲，这些八十年代末结婚的人现在应该是主要的育儿群体之一，他们却被房贷所困。这些家庭的父母可能会

1　2018 年日本全国新生婴儿仅为 91.8 万人，创下历史新低。

说："我们无法负担起两个孩子，学校和大学入学补习班的开支都很高，我们必须为自己的未来存钱。"在他们心中，高于一切的主要任务是平衡家庭预算。

另一方面，一九九五年，在房价暴跌后购房的人，可能不会像二十世纪八十年代末买房的人那样拮据。这些更年轻一代的日本人在抚养家庭方面没那么勉强，尤其是，随着经济恢复，人们开始感到自信，家庭规模也在增长。日本人的储蓄率仍比美国人高得多。

如果经济增长率能达到 2%—3%，日本人能感觉到经济维持在一个稳定的增长模式，那么父母们可能会想要更多的孩子。

另一个导致低生育率的因素是女性选择更晚结婚甚至不婚。有些女性和自己父母住在一起，她们工作挣钱，并将工资收入用于个人开销。她们不想被传统的妻子—母亲的角色所束缚，而是想要更加自由地按自己的步伐追求个人兴趣的生活。有些人享受工作并不想被养育孩子束缚。

从长远来看，日本必须对母亲这个角色重新定义，从而让结婚和生孩子对女性有更大吸引力。

我回想起自己在二十多年前，也就是二十世纪七十年代末去参观农村家庭。农民想要妻子和自己一起住在农村，而农村女性则向往搬到城市，因为在那里她们可以有更自由的生活方式。最终的结果便是，在农村结婚，夫妇需要定下契约，和婆婆分开住，而且婆婆也要保持缄默，给儿媳妇更多的自由，这样她们的儿子才能找到一个年轻姑娘成为农村的家庭主妇。

老 龄 化

日本人确实非常担心日本成为全世界老龄化最快的地方之一。预计到二〇一〇年，日本人口的五分之一都将达到六十五岁及以上。[1]

日本规划者们担心，经济依赖的人口比例越高，就业人口比例就越低，这需要更加努力工作才能维持相同的生活水平。用于老年人的医疗保健和养老金的福利负担已在不断增长。

我做《日本第一》的基础调查时，检查了医疗保健的开支。当时，人均医疗保健支出比美国低得多。日本已经建立起了一套国民医疗保健制度和义务体系。日本人看医生的频率很高，但人均支出远比美国病人低得多。

但现在医生的人工费正在增长，医疗器械和药品成本

1　根据统计，2014 年时日本全国 65 岁以上的老人已达 3300 万，占总人口的 26%。与之相对，14 岁以下的人口仅占总人口的 12.8%。

更高，医院费用也更贵。所有这些因素都导致医疗保健成本不断上涨。随着年龄增长，慢性病逐渐高发。日本政策规划者们知道他们必须为医疗保健留出更多的财政费用。

不过，考虑到日本人拥有的大量储蓄以及他们提早做出规划，我很乐观地认为他们相比像中国这样的国家能更有效地处理老龄化问题。虽然中国老龄化比例没有日本这么高，但也正在面临这个问题。但由于国家还不富裕，中国人还没有能力像日本人那样为养老积累那么多的资金。

日本人对照顾老年人有一种强烈的责任感。在城市和郊区，很多人和自己的父母住在一起。如果年迈的父母其中一方去世后，剩下的一方仍愿意与其孩子中的一个住在一起，也有一些年迈的父母可能住在自己家里但离孩子不远。老人和小辈们住在一起远比周围都是其他老人要好得多，他们会更向前看。日本在这方面做得很好。

在农村，有机会继续工作的老年农民都很健康。一般而言，保持活力的人比缺乏活力的人活得更长。很多情况是，当年轻农民家庭自己建造房屋时，会为退休的父母保留一个独立住宅；也有可能是年轻一代上下班工作，而他们的父母则继续在农田劳作。

一个问题是国家预算还远未达到平衡。我承认当我在写《日本第一》时稍微有点过于乐观，因为那时的官员努力让福利负担不至于增长过快。这个国家刚刚按照土光敏夫制定的政策经历了第一轮行政改革。这次改革证明了遏制预算开支成效显著。

但是由于日本人口快速老龄化，国家需要另一轮深入改革。如果国家想为未来平衡预算奠定坚实基础，那么政府开支需要大幅减少。

总之，为了将来考虑，今天的日本需要第三次改革浪潮，如同明治时期和战后早期启动的改革那样综合广泛。他们正行进在正确的道路上，但太慢了。快速的进程需要政府和商界有一个清晰的愿景和强大的领导力。

需要果敢的领导力

一九九四年，我在国家情报委员会担任东亚国家情报官员，我问美国驻日大使沃尔特·蒙代尔（Walter Mondale）日本的情况如何。他回答我："好吧，短短一年多的时间内，我已经和第五任首相共事了。所以我能说什么？"[1]

频繁的首相更迭让日本没法有持续而长期的政策。

---

[1] 1993 年至 1996 年间，沃尔特·蒙代尔出任美国驻日大使。他在任期间，日本先后出现了多达五位首相：宫泽喜一、细川护熙、羽田孜、村山富市与桥本龙太郎。

二十世纪九十年代，日本政治家、政府官僚集团和商业领袖没有一个清晰的共同目标，意见分歧很大。

在政府中，想要抵达高位的政治领导人必须有能力和不同团体的人合作并从不同的环境中获得合作。领导能取得多少成就取决于达成社会共识的范围。当目标明确时，协商式进程会运行得很好，而当目标不明确时，机构在引入必要改革时的速度会很慢。这时候，日本就需要强有力的领导人，能够推动各方协商向前发展，共识不够彻底时甚至需要采取行动。

在我看来，曾于二十世纪八十年代担任首相的中曾根康弘就是能提供强有力领导的一个好例子。他有一个非常清晰的战略目标，并能有效推动之。他也能和其他人保持一定距离，因此也不会像有些政治家那样受制于特殊团体。一个领导人如果过于喜欢或过于亲近其他人，可能会使自己更加拘泥，当必须有所行动时，也会导致大刀阔斧的改革更加困难。

日本的领导人需要构建更广泛的共识，才能更积极地向前迈进。小渊惠三首相努力推动的"二十一世纪计划"是往正确方向迈出了令人满意的一步。然而，日本究竟能否构建出一个全新的视野，仍有待观察。

美国也同样缺少拥有宏伟愿景的高层政治领导人。很多高级官员可能有强大的法律或宏观经济学背景，但是缺少对世界历史和比较政治学的广泛了解，从而不能够提出一个一致且清晰的方向。

共识与可操作性

有人问我，如果当选日本首相，上任第一周需要做些什么。就这一点，我来给大家讲个故事。

我曾问通产省的一位官员："假设你在美国，你被命令为国家起草一项工业政策，你抵达华盛顿后会做的第一件事是什么？"这位官员回答称，他会先和各类人会面，观察他们的共同利益是什么；只有见过足够多不同类别的群体后，你才能为大家找到共事的基础。

这就是只要自己被选为日本首相后，第一周就会开始着手的事情。在日本，除非你取得了一定程度的共识，否则无法真正采取行动。

如果我是首相，如果我试图为二十一世纪规划愿景，那么我会招募一批能提出有力观点的人，他们会更有意愿去超越令人振奋的共识。我会尝试让一些国内的智库做学术分析和计划，也会邀请国外顾问一起讨论高等教育体系改革的各种方法，并就各项机构改革提出建议。

我不希望仅有一个单一的委员会，而是想要各种不同的委员会来提出规划。我还希望以大胆的眼光来为一些有智慧的人所提的建议保驾护航，但他们必须是真正经过通盘考虑的。可能我还是试着平衡不同的竞争团体，每个团体都有提出创造性意见的任务。总之，我会努力获得最好最明确的观点，并试着围绕这些观点尽可能达成更多的共识。

增量式领导

日本领导人已经被证明有能力去果断地处理问题。在二十世纪六十年代末七十年代初时，日本被环境污染问题所困扰，他们意识到国家面临最糟糕的污染问题。一旦日本领导人准备面对问题，便大胆推行措施来减少污染。他们设立联合研究项目开发新技术，用以减少污染量并提高能源效益。只要技术被开发出来，就可以适用于工业界，企业主可以将其安装于自己的工厂，政府补助或低息贷款可用于支付安装费用。换句话说，环境清理的进展主要是靠技术驱动，而不是靠法律。日本领导人能在这个领域快速行动的原因之一是，日本拥有一个受教育程度高的公众社会，公众意识到环境整治的必要性并愿意为此施行相关措施。

如今日本人民认识到果断行动的必要。小渊惠三在刚结束选举后的最初几个月便获得了相当多的支持。他和很多人维持着良好关系以保持自己主张的可操作性。例如，当需要在议会通过国防方案时，他召回了小泽一郎[1]。小渊惠三在办公室工作的时间足够长，并有能力得到足够的合作来采取一些重要的行动。但到了一九九九年秋天的第二次选举时，他变得更加自信，描绘的方案更尖锐，但也失去了支持。这导致了大量的附加变化。

日本政府的各部门仍在继续推动很多重要工作。金融部门正在进行重新调整，比如有迹象显示政府官员和商业领袖正在进行幕后商讨，以设计出新政策。很多日本领导人了解日本金融机构必须进行改革，从而变得更具全球竞争力。

一些类似美国这样的外国，其领导人向日本采取施压行动，但往往对日本状况没有足够的了解，而且经常过于

1　1989 年，时年仅 47 岁的小泽一郎成为了自民党历史上最年轻的理事长，一度成为自民党内最重要的实权派人物。1992 年因党内权力斗争而失势后，小泽一郎拉拢分化了自民党，直接导致在 1993 年大选中自民党从 1955 年以来第一次败北，丢失政权。2003 年小泽一郎加入当时的在野党民主党。因涉嫌经济丑闻，2010 年身为民主党党首的小泽一郎宣布辞职。两年后，他又成立新党——国民生活第一党。

考虑自己国家的利益。在贸易领域，一些美国人长期依赖于向日本过度施压从而获得对方让步的方式。在一九九三年至一九九五年的努力中，他们高估了日本人对发展数字目标的压力的反应程度。

当然，日本人必须有自己的信息和分析能力来决定国家政策，以及如何平衡这一点以保持外国的善意。

教育改革的需要

一些日本领导人明白进行彻底改革的重要性，不仅对金融界，也要包括其他领域。在我看来，最亟需改革的一个领域是教育系统，特别是高等教育。

我在《日本第一》中写道，日本人推动教育，就像他们提高国民生产总值那样努力。我赞赏他们在义务教育取得的成就，在全世界都名列前茅。"一九五五年，大约只有一半的日本年轻人进入高中，中学毕业人数不到10%。但到二十世纪七十年代末，有超过90%的日本男女青年完成高中学业，相比之下大约只有80%的美国年轻人高中毕业。"

进入一流大学的竞争从过去到现在一直激烈。从幼年开始，孩子们就被谆谆教导进入一流学校和著名四年制大学的重要性。二十多年前，我在《日本第一》中这样写：
"学生都十分清楚地认识到，对于自己将来的前途，至关重要的是在升学考试中尽可能取得最好的分数。这是源自内在的动力，当学生们意识到对父母、母校的责任以及为了自己的前途考虑，学生们会努力准备升学考试。一项在十九个国家开展的科学成就测试问卷结果显示，日本儿童热爱学校的比率比其他国家高。教师也和学生并肩作战，帮助准备升学考试的学生。日本教师有着强烈的责任感，在课余时间也愿意向学生提供帮助，即使在暑假中，教师们也愿意腾出很多时间到学校里去。"

针对教育系统的批评者们长期以来一直抱怨，日本学校招聘稳定的合作型、实用型的员工，这些人往往缺乏想象力。在小学和中学阶段，学校教授学生基础知识和在企业团队工作中必要的社交技能。批评者认为，公司雇用员工时太过于看重他们就读的学校。

毕业于四年制大学的求职者在一家公司所有的求职者中会享有较高的优先权。就公司而言，求职者在大学课堂学了什么根本不重要。公司会对新职员进行培训，并教会他们一些在今后公司职场生涯中所需的特殊知识。

二十多年过去了，仍有迹象显示日本教育体系能培养出训练有素的高中生，他们在国际比赛中表现突出。然而，问题仍变得越来越棘手。

一个主要问题是需要培养学生们有更好的创造力并为全球事务做好准备。美国的平均教育水准远逊于日本，但在许多方面，美国的教育系统较日本更适应全球事务。美国人应对不同文化更有经验，因为美国本土有如此之多的不同文化在展现。美国的大学系统能吸引全世界的人才，这使得美国人更容易适应全球社会。

直到现在，日本取得进步仍依靠其同质性优势，以及在保持社会结构的同时融入新概念和新技术。它的教育系统非常好地回应制造业的需求。现在制造业在国民生产总值中所占的比重与服务业相比正在下降。在这个新阶段，为了能继续保持世界竞争力，日本需要适应服务业的发展。这需要国家提供一个允许更加个性化、主动性、创造力和多元文化交流的环境以及更高水平的英语能力。很多日本人意识到了这些问题，但是进展速度仍远远落后于满足全球化的需要和服务业的发展。

推动教育改革

推动教育改革的一种方式是关注政府或商界的雇用过程，因为了解他们需要寻找什么样的员工能促使学校和家长进行变革，从而让自己的学生和孩子获得最好的工作。公司应该更加重视个人主动性、创造力和文化交流，而更少关注他们现在所就读大学的名气。

在美国，公司招聘时更加关注大学中的学术成果。因此，美国大学生比他们的日本同行在大学学习更加努力。

即便在美国，一个毕业于百里挑一的大学的有潜力雇员或许更有可能被翻看简历的公司管理者注意到。然而，人事在招聘时会观察除了就读学校之外的很多其他方面。

日本的大学也需要根本性的改革。日本文部科学省对大学的管控太多了，过于死板，导致在追求质量方面的灵活性太小。

东京大学吸引了出类拔萃的学生以及杰出的教师队伍，但是太官僚化了。针对教授聘用的参数非常狭隘，日本想要聘请最好的教授的竞争力非常有限，在大学里面大量简单的文书工作实在太琐碎。

在我看来，东京大学的课程设置需要做出改革，要向学生提供必要的知识和技能，让他们赶上象牙塔外的世界快速变化的步伐。能考上东京大学的学生都非常聪明，但他们在大学读书时对自己的拓展教育做得还不够。学校在让课程和讨论变得真正激励人心这一点上还远远不够。

很多东京大学教授过于自我满足，根本没有意识到学校正处于潜在的麻烦之中。很多日本企业在全世界排名前列，但是日本公立大学没有在全球大学排名中靠前。如果有人想问世界各地的校长是如何给大学排名的，东京大学不会出现在前五十。为了维持企业和官员的顶端地位，日本需要更多的一流大学。

日本私立大学在依据自己的教育理念确定方针政策上有更大的余地。庆应义塾大学正取得显著进展，已经成为日本一流大学。校长石川忠雄对学校有卓越领导力，之后的校长石井沿着相同方向继续开展工作。学校决定从国外挑选大量学生，并对他们取消入学考试标准，对学生团体国际化做了大量工作。湘南藤泽新校区非常具有创造力，且尽力争取最好的师资。[1]完成高中学业的外国学生涌入校园，为学校注入了大量的新鲜血液。他们对世界正在发生什么有着强烈认知。课堂上，学生和教授之间也有更好的交流互动。

教授们投入更多的时间备课和批阅学生论文。来自国外学生、教师的公开竞争营造了一种刺激力，就像当日本汽车企业将他们的制造工厂搬到美国，给美国汽车企业所

---

1 庆应义塾大学湘南藤泽校区开设于 1990 年，内设有三个学部，分别是总体政策、环境情报和看护医疗，另有专门从事研究的机构和附属中学。

带来的冲击那样。当然，鲜有国外经历的保守的日本教授感受到了这些变化所带来的威胁。

但是日本如此强大，它值得有、也需要有一流大学。美国的一流大学已经有了繁荣发展，得益于来自全世界最好的师资和最好的学生的强大竞争，得益于来自私人的慷慨支持，也得益于适应新全球化需要的灵活性。

日本需要能在国际环境中感到自在，并能阐明日本立场的人士。眼下日本与其他国家关系的绊脚石是，无法在这些国家的大众传媒上良好地表述观点。

日本人还没有学会应对新媒体时代，向外界传递自己的信息。他们也没有足够的人才有能力参与国际会议和国外电视节目，且能在其中表达令人信服的日本观点，就像《朝日新闻》的船桥洋一能在美国讲一口流利的英语那样。

根据国际测试的结果，日本高中老师在教授学生数学原理技能上表现卓著。日本学生不仅有良好的算术能力，也能做数学原理。但是日本教育者在基础科学、社会和政策分析上教会个人创造力方面似乎并没有取得相似的成就。

平均而言，在利用互联网研究和学习方面，日本学生仍落后于美国学生。美国教育已经因为互联网而发生了巨大改变。很多学院和大学需要学生购买电脑，每个学生都通过电子邮件相互联系。作为论文资料的来源之一，电脑已经部分代替了图书馆的作用。不管喜欢与否，英语是全球性语言，未来日本的大学毕业生需要适应在互联网上用英语搜索资料。

反思应试教育

升学考试是教育改革另一个着手处理的领域。升学考试是高中生学什么、怎么学的指挥棒，它强调死记硬背、注重细节，学生们知道考试不会过多鼓励其他技能。

我知道其他人也提过很多次，但是英语考试应该把重点放在口语上，而不是复杂的语法上。

有些教育者反对花费太多时间教英语，担心导致日语水平下降。我不同意这样的观点。看看欧洲人，经常有人能同时说两到三门语言，比如英语、法语和德语。新加坡学生也是如此。

我也从大学组织的考试中看到了更多问题，他们用母语日语来测试申请者的分析能力。我知道评定等级非常困难，但仍需要做更多的努力。有日本商人朋友告诉我，大学新生的日语写作水平下降了，他们本应该能够写出连贯的、组织架构良好的日语句子。

我还认为，考试组织者应通过引进创新举措来注入新内容，比如："这里有一个新问题，你如何对此进行分析？"我相信，针对测试申请者的推理能力和创新能力应该做出更大的努力。这也将对初中、高中以及补习班老师在给学生上课时产生影响。

消耗太多时间的公立学校和补习班

尽管日本高中生可以在国际测试中取得非常好的成绩，但是高中生在正规学校和补习班的双倍学习导致他们花在学校的时间非常长，学习效率低下，缺乏时间拓展社会实践。

二十世纪六十年代和七十年代，家庭收入得到增长，越来越多的父母能够负担起给孩子请最好的补习老师的费用。他们愿意花费额外的钱，给孩子请家庭教师或送去补习班。父母的动机是令人敬佩的，但是学校和补习班双重的体制并不能对日本年轻人和日本社会起到积极效果。

现在根据文部省统计，有一百五十万小学生和接近二百万初高中学生参加私人教师培训学校。通常，私立学校只是在与普通学校课程重叠时，提供略高层次的学术课程而已。

虽然大部分学生看起来能够承受学习压力，因为他们醒着的大多数时间都在学习，但有令人不安的迹象显示竞争已经造成了损失。文部省表示，旷课三十天以上的"学校拒绝者"数量正在上升，小学"教室崩溃"事件数量也在增加，这些都是文部省正在研究的现象。校园欺凌问题仍然在初高中校园内存在。越来越多的教师正在透支自己或者选择辞职，以避免每天都要在课堂上面对的问题。

　　这需要有大刀阔斧的领导力来减少正规学校和课外补习班的重复学习，同时将日本的大学转变为动态制度，为新的全球化社会准备青年人才。

第七章　美日同盟

　　美国和日本是世界上最大的两个经济体。二战后，美日组成同盟，成为维护亚洲持久和平与稳定的核心基础。两个社会变得越来越相似，双方社会之间的信任也有了发展。现在日本和美国必须帮助中国积极融入国际秩序。美日中三国将在下世纪成为东亚的强权，必须学会共事。

　　美国不时调整在亚洲的力量水平，以适应不断变化的环境。然而，将驻日美军全部撤回美国是不负责任的，因为这会削弱日本人对我们在困难时期提供援助的信心。而且，这会让日本产生更大的压力来建立自己的军事力量，给其他亚洲国家制造严重问题，也包括日本和美国。这将加剧其他亚洲国家对日本军国主义复兴的恐惧。越来越多的基金需要用来处理日益增长的老龄化社会和医疗健康开支，这对日本而言是一个巨大的财政负担。同时，这也会增大日本社会内部的分裂和军事斗争。

另外，撤军也会在亚洲制造不稳定，造成当区域发生紧急情况时对美国不会履行其职责的担心。安排驻军、装备和物资的后勤保障工作是一项艰巨的任务。很显然美国不会轻易回应应战速度和力度。在没有稳定的美国驻军存在的情况下，日本可能会选择加强军事力量来确保自身安全，因此会掀起军备竞赛。

目前共有四万八千名美军驻扎日本。[1]一九九五年日本承诺五年内以直接或间接的东道国身份支持二百五十亿美元。有了这笔财政支持，让美军继续驻扎日本比将他们撤回国内要稍微划算一些。

然而，在日本国内总是存在着一股要求减少驻日美军的压力，特别是冲绳，那里是美军主要驻扎基地。这也可以理解很多冲绳人对庞大的美军基地存在的担忧。

我的朋友赫伯特·莱文（Herbert Levin）曾是美国国务院的一位官员，直到最近还在为基辛格工作；他曾半开玩笑地提出了一个"五十年计划"来处理日本对美军基地

1　截至 2017 年，驻日美军约为 5 万人。

的批评。每次驻日美军成为热门话题时，美国就会承诺在若干年内将对军事基地的规模略做限缩。有些基地改成公园、商场或商用机场。日本政客则可以不断对外展示他们的施压有了成效。但这个进程非常缓慢，防卫制度并未得到根本性的改变。

其中一个问题是如果美国迅速答应了每一个要求，那么很快就会有随之而来的更多要求，从而使整个防卫同盟处于危险之中。还有一个问题在于巩固军事基地，要让不同的美军军种在同一个基地中良好合作不是那么容易的。海军陆战队、空军、陆军、海军都想拥有各自独立的军事基地。

整体而言，日本领导人和日本民众都理解《新日美安全条约》的重要性，他们认为驻日美军在维持区域稳定中起到了重要作用。他们也知道朝鲜半岛的局势有可能会爆发战争，中国大陆和台湾当局之间的紧张态势会继续对和平解决台湾问题产生威胁。

很多日本人仍然认为，他们与美国的关系并不是完全承诺的伙伴关系。在很多事情上，日本政府依赖美国获得信息和判断。如果日本能够提高自己收集和分析情报信息的能力，就能做出独立的判断，比如朝鲜导弹发射能力问题，这样也可以让日美双边关系更加健康。如果日本能更加直率地对各类议题表达自己的观点，像轰炸科索沃等，日美关系也会更好。

美国人这种更为开放的讨论模式让习惯于圆桌讨论达成共识的日本人感到不舒服。美国人的直截了当让日本官员很恼火，他们也许会选择态度强硬的谈判代表，就像在日本人眼中的美国谈判代表所做的那样。然而，有些所谓"强硬"的日本谈判代表还没有经验在公开场合或用一种随意自然的方式来表述不同意见。日本人选择向美国派出强硬的谈判代表，可能会让美国人觉得简单粗暴，因为他们缺乏委婉地表述不同意见的技巧。

在全球化越来越深入的时代，日本需要学习用更直接的方式来表达不同观点，或许可以带点小幽默。例如，关于轰炸南斯拉夫的问题，如果日本政府不同意，它可能会用以下方式表述，这是一些日本人私下告诉我的——"我们不同意你们轻易决定轰炸另一个国家。我们同样认为米洛舍维奇是一个可怕的人，但是你们有很多种形式的压力可以让他承受。无论如何，你们已经走到这个地步而且还进行了轰炸，我们也不得不给予你们一些支持。那是因为美国现在最强大，正努力维持国际秩序。但我们希望将来在攻击或轰炸另一个国家之前能更加克制。你们在南斯拉夫制造的先例加剧了亚洲的紧张焦虑。我们认为美国的举止太过傲慢，也认为你们应该在决定如此重要的行动前三思，并为你们采取的行动作出解释。你们必须树立一个明确的标准，否则其他国家会接受中国的观点，诸如美国是世界上最强大的霸权、可以肆意妄为，随后就会形成一个观点即美国在捍卫某种自己信仰的价值观。这在我们看来是非常独断专行的。"

轰炸后，日本首相小渊惠三与克林顿总统会面时，感受到需要向克林顿传达支持信号的压力。与此同时，他也要明确声明日本的支持完全是出于维护和平，而不是为了表示对轰炸的支持。

日本并不是非得赞同美国外交政策的每一次转变，而是需要更多的空间来调整策略和独立研判，这样才能提出自己的解决方式。

另一方面，日本如果想要避免与中国展开军备竞赛，就必须继续与美国紧密合作。这可能会形成亚洲最不稳定的状况。很长一段时期以来，日本最大的利益是亚洲稳定，中日之间没有激烈对抗。正如新加坡前总理李光耀所言，美国为东亚提供了安全保障，从而使中日两国有喘息时机得以发展双方关系。从最终结果来看，日本和美国维持同盟并与中国发展关系是明智的，中日关系改善也无需削弱美日关系。

然而，在老一辈日本人的心目中，日本应该扮演中美之间的桥梁，这在现在看来是白日做梦。就像美日关系一样，美国对中国有自己的联系纽带，能更直接地处理对华事务。但可能有时候日本也能帮助缓和中美关系，尤其是当双方在人权、轰炸、中国台湾等问题上态势紧张的时候。

　　在处理朝鲜问题时，朝鲜半岛能源开发组织[1]（Korean Peninsula Energy Development Organization）框架——在朝鲜、韩国、美国和日本的共同运作下已经很成功。美日韩三国的合作是根本，因为这意味着美国不是一对一地处理朝鲜半岛区域问题。这个组织架构由日韩发起，由此也增加了三国互信。

　　由于三国共同推动了"佩里报告"（前国防部长威廉·佩里[2]主导）的形成，使得相互合作更加坚固。后来，中国也成为协商的一分子，参与共同的基本框架，以促使

1　朝鲜半岛能源开发组织成立于1995年。在1994年美朝有关冻结朝鲜宁边核实验设施框架协议的政策背景下，由美国、韩国及日本组建了该组织，后又有多个国家和组织加入。该组织旨在协助朝鲜建造轻水反应堆核电厂，以取代镁诺克斯型反应堆。

2　1994年至1997年，威廉·佩里在克林顿政府出任国防部长一职。此前，他已经担任了一年的国防部副部长。佩里被认为是国家安全、军备控制与外交领域的专家。任内，佩里致力于提升对日关系，并改善对华关系，也是自1989年后第一位访问中国的美国国防部长。

朝鲜有可能扩大对外开放的程度。尽管中国没有选择加入朝鲜半岛能源开发组织，但仍全力配合推动与朝鲜发展更好的关系。

当然，日本的决策者希望如何解决朝鲜问题，他们一定会秉持自己国内的政治考虑。朝鲜人曾大力抨击日本在二战中的所作所为，当朝鲜测试导弹和绑架日本人时，日本人能强烈地体会到这种感觉。日本人会把对朝鲜试射导弹的反应与对朝鲜半岛能源开发组织的态度区分开来。为了所有人的利益，日本国会继续支持与朝鲜半岛能源开发组织的合作。

在美国这边，美国外交政策制定者主要的关切是维持亚洲的稳定，和中国、日本保持良好关系非常重要。可能有时候美国政策会更偏向其中一国，但是和日本的关系更加密切，因为我们有安全同盟、民主社会以及从二战以来建立的密切关系。但主要焦点应该是将美中日这个战略三角联系起来。如果我们想在二十一世纪享有和平稳定，就需要为了我们所有人的利益继续加强合作。

不幸的是，没有足够多的美国决策者铭记中国、日本和美国的三角关系。决策者思维发生改变的最明显的例子是一九九八年克林顿访华，当时他在中国没有提到日本。他应该说的是，美国想要和中国改善关系，但不是以牺牲美日关系为代价。然而克林顿没有这样说。这让日本人非常焦虑和担忧，克林顿的发言让一些中国人认为或许可以推动美国削弱与日本的关系。

这对一个处于三角关系中的国家而言通常是一种诱惑，即通过吸引其中一个或另一个国家来操纵这种关系。利用第三国来向一个国家施压，也不符合美国的利益。美中日的三角关系仍很脆弱，美国应该促进三者之间建立互信。

在处理与日本和中国的双边关系时，美国必须考虑如何维持三边的信任。

李光耀称，美国为东亚提供了安全保障从而使得日本和中国能在这个时代学会处理相互关系，至于这个说法正确与否，就交由今后的历史学者来评判。我们可以说的是，美国作为一个在该地区没有领土野心的国家，必须维持一个平衡关系，并鼓励两国之间合作。

如果美中日三国能结成实质的伙伴关系共同合作，那将为二十一世纪的区域和平及经济繁荣打下强大基础。

第八章　积极应对世界形势

　　日本和东南亚各国在政府和商业领域建立了有效关系，但仍然没有和近邻拥有令人满意的亲密信任关系。一九七四年，印度尼西亚和马来西亚有抗议者上街抗议田中角荣，高喊反对日本的口号。[1] 很多老一辈抗议者回想起了二战期间日本占领自己国家的痛苦记忆。日本打败了前一个殖民统治者，但强加的统治在当地人看来和上一任殖民者同样苛刻，甚至更加苛刻。一九七四年，日本首相和随行人员的到访加剧了曾经的不满情绪，并引发了新的恐惧。二十世纪八十年代时，仍有不少人担心日本可能试图在亚洲其他地方重建统治权。

　　在一九七四年前，日本政府官员和商界领袖经常未能顾虑普通人的态度和敏感性。一九七四年，很多东南亚国家刚刚摆脱掉殖民主义的枷锁。他们对之前的军事霸权非常警惕，认为这些霸权有统治自己国家的潜在危险。他们想起了日本人的殖民统治，民众不得不为日本的军事和经济利益而劳作。有人谴责日本的工商业是在他们的经济殖民之下经营起来的。谴责者认为，日本工商业带来了利润，但是对当地的经济和居住在那里的人们几乎没有任何好处。

一九七四年的暴乱[1]促使日本人对亚洲邻国的想法更加敏感，并投注更多精力来改善关系，包括增加援助、文化交流和紧密协商。

也许日本与其他亚洲国家关系发展的最大绊脚石来自未能在一九三一年至一九四五年间更公开地处理其在亚洲的角色。有些日本人天真地以为，随着时间流逝、记忆褪色，紧张态势就会逐渐减弱。遗憾的是，这种情况不会自动随着时间推移而发生。实际上，部分日本人希望能为他们的父亲、叔父和祖父在二战中的战斗和牺牲感到骄傲，也希望对靖国神社表达敬意，却对日本军队的暴行视而不

1　1974年1月时任首相田中角荣出访东盟五国。期间，一度引发马来西亚、印尼及泰国当地民众的反日抗议游行，甚至出现抵制"日货"的风潮。

见。还有以前的军人和右翼人士中的既得利益者希望他们在战争的所作所为不被声张。很多日本人在面对右翼的压力时很胆怯，保持沉默。

日本所采取的应对措施是首相对那些曾遭日本以非正义方式侵占的国家发出措辞严谨的道歉。然而，这些道歉本身并没有给亚洲国家信心，真正相信日本未来不会恢复军国主义。我认为，只有超越措辞严谨的道歉，才能超脱二战议题。应开放历史档案来让人们自由地审视过去。在某些情况下，这会揭露前所未知的暴行，将导致新的负面反应。但是这些事件若没有得到公开处理，日本就不可能与其他亚洲国家之间建立真正的信任。只有公开审视过去才是治愈的开始，我们才能真正超越二战的记忆。

我知道有很多日本人甚至希望不要进行更深入的讨论，人们就会忘记所有的事情。这种策略可能在日本国内有用，但在处理与其他国家的关系时毫无用处。我确信，想要一劳永逸了结过去的唯一方法就是公开审视过去。德国人所做的事已远远超过公开历史事件和客观审视自己的过去。因此，相较于亚洲国家对日本，欧洲人已进一步克服了对二战中德国人的感受。

今天，我相信日本和其他亚洲国家有机会能坦诚客观地讨论二战。我曾和来自日本、中国、美国的学者共同举办了一个论坛展开类似讨论，因为我认为这个项目能允许进行客观研究，对相互关系的治愈有所帮助。北京大学国际关系研究所负责人袁明女士，在国际关系领域有真正独到见解的东京大学教授田中明彦，以及当时在哈佛大学亚洲中心任职的我，作为该项目的联合负责人。

我们三个研究中心共同合作两个项目。一是关于中日美三国自二战至今的外交关系研究；另一个是在我极力推动下才开始的，即来自中日美三国的学者审视二战的中国战场上究竟发生了什么。换言之，我们希望将每件事都摊在桌上，由不同的团体来分析讨论。我相信这是日本和其他国家之间建立更深入关系的重要基础。

东京国际文化会馆的加藤干雄已经同意在二〇〇〇年初主办一场会议，我们也非常希望能启动这场会议。一些日本学者对参加这场会议持谨慎态度，这是可以理解的，因为他们可能会在会议中遭到中国和美国学者的抨击。我希望能打造一个真正的学术会议，避免诸如此类的抨击。第一次开会时，我们要求来自每个国家的学者准备一篇书面综述论文和一份自己国家的原始资料参考指南，另外还要准备一篇关于各个图书馆及馆藏档案资料的论文供研究人员探讨。

我的愿望是可以将这些论文作为一个基础来激发今后

几年开展真正的研究。我们的目的是创造一个不带私人责难、允许学术讨论的氛围，从中发现某些能被各国学者接受的事实。此外，我们应该明确定义因原始资料争议需要商榷而不被认同的领域。

我认为未来亚洲几乎不会对日本民族主义感到担忧。日本人已彻底摒弃二战时强烈的民族主义，我也相信他们绝对不会想要恢复那种只会令他们难以与其他亚洲国家和美国共处的民族主义。

民族主义在日本人中经常出现。东京都知事石原慎太郎就对民族主义直言不讳，很多日本人也同意他的观点，但这种观点根本没必要公开宣扬。当石原号召关闭东京的美军基地时，他们也根本没必要围绕在石原周围。我认为石原能当选知事是因为他的坦率，我在东京都选举不久前，问一个出租车司机会把票投给谁，司机回答说会投给石原，因为他敢于和中央政府的政治家们公开对抗。

问题在于如何对民族主义进行正面宣传，撇开那些褊狭的看法、歧视、敌意的负面因素。日本人对他们在传统艺术、音乐、园艺、宗教和文学领域所取得的文化成就感到骄傲是可以理解的。

日本人对过去从外界快速吸取新观点、新概念有一种长期而复杂的怀旧之情。我记得二十世纪七十年代中期，当日本最后一辆蒸汽机车被替换成电气机车时，很多媒体都做了大量关于蒸汽机车的怀旧报道。尽管日本人对旧时光的缅怀和回忆是非常强烈的，但他们往前走的速度比其他绝大多数国家都要快得多。

日本人珍惜自己的历史，也有极少数人想要回到汽车和电气设备出现之前的生活。日本是一个非常奇怪的混合体，他们对外来者极其仁慈慷慨，但也让很多外国人感到自己并不受欢迎。没有一个国家比日本更善于举办交流项目，但很多外国学生在离开日本时对日本的友善要比他们刚抵达时少得多。目前，日本的对外援助超过全世界其他任何国家。有时候，援助是以帮助日本企业的方式进行。当一个外国政府向日本申请援助时，日本贸易公司会协助他们准备援助申请，这样日本公司就能从中获得基金。令人意外的是，有一定数额的基金被指定用于有利于该贸易公司的项目。其实这很正常，任何一个国家在获得援助时，向日本宣扬不从自己本身的利益出发，这是不现实的。其他国家也有办法帮助他们的企业。

我认为援助项目仍然需要反思和重新调整。一九九一年，我在世界各地旅行，观察了日本在不同国家的角色。在肯尼亚，很多来自不同国际援助项目的人第一次去的时候会说："你的工作是把自己从工作中解脱出来。在接下来几年中，你要教会他们负责任。"所有援助项目继续保留，但当地人却没有接管项目的责任感。援助计划成为了一个共生实体，而不是真正的当地社区发展的促进者。这不是为了诋毁众多援助者的工作。我从很多年轻能干的日本国际合作机构的工作人员那里听到，这是日本版的海外美国"和平队"。很多项目非常有创造力，很多工作者也有理想主义和奉献精神。

在反思如何能更好地帮助发展中国家这个问题上，日本可以发挥重要作用。日本的成功对东亚和东南亚国家有巨大刺激作用，也可以激励其他国家。比如，几年前日本在让世界银行重新定义援助项目上付出的努力令人敬佩，无论在亚洲或其他地方，它们希望利用援助来发展需要保护的新兴产业，相关的产业战略和政策能在其中起到很大作用。因此，日本认为世界银行和其他金融机构应该采取更多办法。美国的天性和对世界经济制度的支配不可避免地强调尽快开放市场。然而亚洲金融危机之所以产生的一个原因就是，尽管我们推动亚洲国家迅速开放金融市场，但市场开放后，我们没有为它们提供足够的基础机制来自我保护。

日本有潜力凭借发达国家的经验发展出一个全新的国际援助模式，尽管目前仍然缺乏运作得足够娴熟的官员。

日本依旧能够通过亚洲开发银行这个渠道展现美好的发展愿景，也可以提供绝大部分的基金并占据高层职位。简而言之，在如何利用援助促进发展、描绘一幅更新的蓝图方面，日本可以发挥更重要的作用。

我个人认为日本模式比很多脑中只想着开放市场的西方经济学家和银行家更有用。现行的国际金融常识是所有的市场必须开放，效仿西方制度。但现实是市场压力需要调节，日本人会有恻隐之心，努力做好平衡。他们关心员工的这种价值观也让其在国外的竞争能像国内一样有效。

在日本人能更有力地表达自己的议程前，必须坦诚地讲述二战中所发生的事情，如果能做到这点，其他亚洲人会对他们的地位给予更大的肯定。不过，日本也必须超越只在其他国家选择一部分人建立社交网络的方式，而是必须能够吸引更多可能对日本心怀疑虑的人。想要吸引其他地方的人，日本需要对他人传达一种积极信号，而不只是保护日本以免受批评。

第九章　三角关系

中　国

在演讲的提问环节上，经常有人问我："如果日本不再是第一，那么中国会成为第一吗？"在试着回答这个问题前，必须先回答另一个问题：什么领域的第一？军事力量、经济影响力还是教育成就？

我们必须从不同维度来审视和考虑中国与日本的相对实力和弱点。中国的人口是日本的十倍。正如克林顿时期的财政部长罗伯特·鲁宾在一九九八年六月克林顿总统访华前就曾说过：中国有潜力变成世界最大的经济体。不过，最快也要等到二十一世纪中叶。现在的中国依旧是一个欠发达国家，而面对的一系列严重的经济难题可能比日本的更棘手。比起日本，中国还不富裕，而计划经济时代遗留下的低效系统束缚着其发展，还有十三亿人需要解决吃饭问题。

中国总理朱镕基的首要政策是对国有企业进行改革，并用三四年时间在其他领域推动一系列经济改革。不少身处事外者批评朱镕基所承诺改革成功的希望非常渺茫。当我为哈佛大学亚洲中心写《亚洲更新换代》时，就指出："我的印象是朱镕基直面那些批评，也非单打独斗。他拥有其他领导人的支持，并努力将中国带出困境。他拥有中国所需要的优秀才干。如果他不幸失败，那不是他个人的问题，而是问题的难度。"

在中国的国企改革过程中，不同于许多大型企业倒闭或者破产，很多企业其实等着被卖掉。许多中小型企业已经被卖掉，因为地方政府发现关闭或让其破产会损失更多的钱。然而很多设备过于老旧，以至于无人愿意收购。这个问题在中国东北地区如辽宁、吉林、黑龙江尤其严重，这都是大型国企扎堆的地方。

国企员工的大量失业成为一个严重的问题，下岗的情况很难轻易改善。而下岗职工往往又不愿意如农民工那样拿着低薪去干艰苦的工作。这些人被从舒服的温饱小天地里赶了出来，却仍指望还能得到照顾。

中国人也在压缩他们的政府规模。一九九八年，中央政府压缩了规模，地方政府亦效仿。全中国的人都在学习邓小平理论，以迎接下一步改革的需要。一位研究邓小平理论的学者曾指出，如果政府不精兵简政，那么在具体领域就很难有批评建议之声。只要不反对基本政策，对一些错误的批评是应被允许的。因此政府的精兵简政将会继续。

中国领导人将进一步推动民营经济的发展，以满足人民提高生活水平的要求并提供一个安定的社会。

农村地区住房基本上都已经是私有的，中国城镇也会快速开始房屋私有化的进程。许多工作单位，包括政府机构，都在根据工龄长短、职位高低向本单位员工打折出售原来的公家住房。因为有大量住房供应给新婚夫妇，结婚率会上升到顶峰。在这个过程中，难免会出现一些不公平的情况，那些单位效益比较好的人可能会获得更多、更好的房子，而没有什么资源的单位的职工则可能什么都拿不到。一般而言，那些通过单位帮助而拿到房子的人在五年内不能再次出售，但之后可以出售，那时他们就比其他人富有了。这种不公平是很难避免的，因为不可能建立一套举国一致的标准体系。唯一的现实做法就是在宏观层面调控住房私有化的进程，而交由各地方去处理具体问题。各个家庭会在各自单位争夺自己的利益，并努力使之最大化。早在十年、十五年前就分到房子的高层管理人员，经常能够再搬去条件更好的新房，而将旧房子留给低级员工或年轻的新婚夫妇。

社保福利也部分被私人化了，因为国家没有足够的资金来支撑优渥的社保体系。或许要花上好几十年才能建成一套妥善的社保财政体系。

在不少地区公共投入削减后，人们开始为还房屋贷款、医疗、退休养老以及孩子教育储蓄。

由于这些难题，中国在未来五十年内不太可能成为第一。如果中国能处理好这些转型期的问题并提高效率，有可能在二十一世纪中叶取代日本成为主要经济体，但人均收入仍将远远落后于日本。中国已经快速崛起为区域内的重要力量，也在快速与其他国家建立和深化关系。但这与为该地区提供领导力和发展方向是两回事。中国的经济无法与日本高技术相提并论，但巨大的市场规模和它高速的发展预示这个区域未来的发展前景。

在工业制造和商业管理领域，我看不到中国在未来几十年有赶超日本的可能性。

尽管中国在四十年内有可能使国民生产总值超过日

本并且拥有一支庞大的军队，但这并不意味着中国能将经济实力投射到全世界。只要日本继续与美国结盟，那么中国的军事力量对日本来说就不会是威胁。生产高质量产品的能力，在全世界购置资产的能力以及掌握的高技术都将帮助日本在今后数十年间继续维持在世界经济领域的地位。

旅居海外的中国人与在国内的中国人在中小型企业经营上已非常成功。不过，在全球市场真正成功的中国大企业、大公司并不算多。日本人已经学会如何高效运营大型乃至超大型企业。中国有句谚语，"宁做鸡头，不做凤尾"。对中国人来说，要培养出能使大型企业高效运营的组织忠诚度和纪律并不容易。

从世界范围内获取的信息来看，较高的平均受教育水平保证了相当比例的日本人能与全球发展处于同一个频率。中国在未来几十年间很难达到这个水平。

中国确实拥有一个优势，即发挥其政治影响力。中国人已经学会如何驾驭多样性。这一方面是因为中国本就是一个拥有一亿少数民族人口的大陆强国，另一方面也因为在海外有大量华侨。这使中国在国际关系方面比日本更有优势。日本是一个岛国，以单一文化为主。在国际会议上，中国在与来自不同文化的人交流时显得更加自如。他们看待问题的视野更宽阔，世界主义观念也令他们在全球化舞台上拥有巨大潜力。

很多有能力的中国科学家在美国大学或研究中心工作。有些人会回到中国，但他们和中国国内科学家的关系并不亲密。有一个香港的朋友告诉我，几年前有位华裔美国人在休斯敦宣布他在超导方面取得重大突破，来自中国大陆、中国台湾地区、中国香港地区和美国的有着共同中华民族背景的物理学家们一整天都在相互打电话奔走相告。

所以，中国有发展世界级科学研究的巨大潜能。中国尚未对工业效率和质量控制做出区分，但是中国的一流大学正在努力攀升成为世界级的大学。到二十一世纪中叶前，中国很有可能会在一些基础科学领域奋力赶到日本前面。

美国 vs 中国　综合征

很多美国政府和政治舆论人士将中国力量的崛起视为对美国的一个潜在"威胁"。题为《即将到来的对抗》和《文明冲突》的两本书在美国引发了关注。媒体在头条位置对"中国的贸易失衡"、所谓的"侵犯知识产权"、"逐步增加的军事开支"进行批评。

美国媒体应该采用更平衡的方式来对中国做新闻报道。中国当然存在很多问题，但中国已经发生根本性的改革，这些改革远远超过了一个阅读西方媒体的读者所能想象的。不仅仅是中国有了更多的农村选举以及在全国人民代表大会上出现的更多不同声音，还包括可获取的信息量大幅增加、意见更多样化、法治扩张和更广泛参与国际组织。我曾撰文说："自一九七九年起，我每年至少访问中国一次并经常返回相同的大学、乡村和工厂。我见识到了所有其他有经验的观察家对中国的看法——中国的进步不仅体现在经济运行良好，也体现在表达意见的自由上。"

令人不可置信的是，在我去过次数最多的城市广州有一家书店，名为"广州购书中心"。这家书店的规模大概是哈佛广场上最大书店的六至八倍，与东京八重洲图书中心或纪伊国屋书店规模相当。在忙碌的一天中，无论什么时候，广州购书中心里肯定有一千到一千五百名顾客。书店有很多外文书籍或从其他不同语言翻译成中文的书籍。我觉得，任何一个想要向中国说教开放的美国国会议员都应该先到这家书店来看看人们如何兴奋地面对新观念和新知识。有人会说他们只是翻翻而已，但收银台前就像超市一样大概有十个人排队，大量的书被卖掉，就像浏览过的书那样多。这是广州最大的书店，在其他大城市也有类似的书店。在中国能广泛讨论的观点非常有限。我们西方人还不能很好地理解当很多中国人看到国外思想以及思考如何将之应用于中国时的那种兴奋。政治气氛的偶尔收紧并不能阻止这种趋势。

西方知识在中国的传播速度非常迅速。电视已几乎普及到农村一级。在过去的二十年中，有超过一亿人口从农村迁到村镇、城市和沿海地区，当他们回到农村探亲或生活时，农村人就会问他们在城市中的生活。西式快餐、化妆品和服装款式的更新传播速度非常惊人。这些新观念遍及中国各地。传统乡村生活正在经历快速变化。

幸运的是，在华盛顿，行政部门的头脑比一些报社评论员、国会成员和特殊利益集团的头脑要冷静得多。一九九八年六月克林顿总统对中国进行了一次国事访问，这是九十年代以来美国总统的第一次对华国事访问。克林顿总统概述了二十一世纪的美中关系，他希望自己的访问能激励中国变成一个"稳定、开放、繁荣的国家"，这显然是为了我们的利益所在。

财政部长鲁宾曾强调中国经济的巨大潜力。"如果一切按照大部分人预想的那样发展，中国将在下世纪前五十年的某个时候，成为世界第一大经济体。"

三 角 陷 阱

诚然，有些日本人像美国人一样，担心中国增长经济的同时会在全亚洲"扩张其霸权"。一个成长中的强国经常会导致不确定性并引起恐惧。修昔底德的结论是，伯罗奔尼撒战争的爆发是因为斯巴达将雅典视为一个成长中的强邦并将对自己造成威胁。

探究二战的原因，有人可能会提出一个强有力的观点，即日本和德国两个正在成长中的强国使其他国家产生了忧虑，彼此间恐惧的恶性循环导致了战争爆发的紧张局势。日本和德国这两个强国没有很好地被其他国家或强国制衡。苏联的崛起也导致了冷战，并参与在朝鲜、越南等地区的战争。

我不认为中国应该被视为一个真正的"威胁"。阻止新冷战是国家领导人的职责所在。我相信中国想要以积极的方式伸出双手，这样才能使日本、美国和其他国家与中国以建设性的方式共事。如果其他强国将中国视为敌人，那么中国就有可能成为其敌人，但我们将其视作朋友的话，中国就能成为可靠的朋友。

三角关系的危险之处在于，一方力量可以拉拢另一方以对抗第三方。另外一个危险是当其中一方觉得另一方忽视自己的感受时，就可能会觉得被冷落了。克林顿一九九八年六月去中国时没有提到日本，就在日本造成了紧张，因为有些日本人担心美国可能会以牺牲日本为代价而和中国站在同一边。虽然情况并非如此，但是克林顿未提及日本一事在日本官员中制造了不必要的焦虑。

在一九九六年至一九九九年间，美国和中国努力改善双边关系。然而，当北约战机在科索沃战争期间轰炸了中国驻贝尔格莱德大使馆时，美中关系开始进入紧张时期。美国为自己的错误道歉，中国人的反应自然是非常愤怒。在北京和其他主要城市，示威者发泄对美国的愤怒。示威人群包围了北京的美国使馆并向使馆大楼投掷石头。

在中国国家主席江泽民对日国事访问期间，中日两国仍未能达成和谐关系。两国高层之间缺乏理解，因此中日关系仍然紧张。在中美之间平衡好自己的位置，将是日本面临的艰巨任务。为此，日本必须更加有力地在亚洲地区规划自己的政治和外交议程。

朝 鲜 半 岛

朝鲜是个封闭的国家，有一百万人手握武器，还有三分之二的军事力量部署在长达一百公里的朝韩边境线上。自冷战结束后，苏联援助终止，朝鲜经济下滑。改善经济需要改革开放，但朝鲜领导人仍担心开放会威胁其政治制度。朝韩两国都希望统一，但是巨大的差异导致两国分裂长达半个世纪，实现统一变得极其困难。在东西两德统一后，很多韩国人逐渐意识到统一的代价会有多大。他们明白和联邦德国相比，自己没有统一所必需的财力，因此很多韩国人对统一变得冷淡。经济统一问题比韩国当前所面临的经济问题更大。

无论如何，朝韩两国想要重新合并的愿望在韩国仍很强烈。朝鲜人和韩国人之间的个人仇恨迹象十分罕见。朝韩两国之间也不像南斯拉夫那样存在地区仇恨。

历史上朝鲜半岛作为一个统一国家存在了一千多年的时间，因此重新统一的愿望仍很强烈。深思熟虑的韩国人知道若为重新统一创造一个机会，韩国有可能会迅速行动并愿意支付统一所必需的高昂成本。除非两国走在统一的进程中，否则不可能有一个稳定的朝鲜半岛。

有迹象显示，朝鲜人开始回应韩国的"阳光政策"以及美国前国防部长佩里与韩国、中国、日本共同合作所做的努力。朝鲜似乎对于在不给韩国过多权力的情况下实行开放缺乏信心。

如果朝鲜有和平红利，军队中一百万身穿制服的军人，将面临削减国家预算中的巨额军费储备的巨大压力。享有巨大特权的军队领袖会支持威胁自己特权的开放吗？

　　享有特殊津贴的朝鲜军队高级官员可能会抵制。面对国家开放，公共安全官员会作何感想呢？

　　在朝鲜公开表达观点是不安全的，但我怀疑朝鲜表面上正在发生的事情相当于日本德川幕府末期关于"开国"或"锁国"的辩论。朝鲜领导人必须要应对开放问题，因为从长远来看，通过发展核武器或导弹威胁来获得其他国家巨大的援助，并不能拯救国家。

　　如果平壤能以某种方式安全地处理开放问题，我相信朝韩之间可以启动一个增加双方非常有限接触机会的政策。韩国企业可以在朝鲜的特区进行投资，来自韩国的游客人数也能迅速增长。

　　韩国总统金大中不仅在自己国家被证明是一个强大的、受欢迎的领导者，在美国和其他亚洲国家也是如此。当日本民众被问及哪个亚洲领导者是他们最崇拜的，金大中在他们心目中是名列前茅的。

　　我很多年前在哈佛的时候就已经知道金总统，也为第一次邀请他到哈佛做了一些微小的贡献，我对他在过去十年中作为一名领导者所取得的巨大成长印象深刻。二十世纪八十年代金大中来到哈佛时，仍处于曾被韩国中央情报部缉捕的压力中，正在从几乎丧命的状况中恢复。当时，他的情绪仍与这些斗争相关联。但我相信他仍有卓越的知识和本事。在哈佛这一年，他研习了国际政策。金大中很有历史感，相信民主，能说一口流利的英语和日语。他的"在野经历"给了他思考政策的时间。

人们可以想到二战前的那几年，当丘吉尔离开政府并明确自身立场，或者以毛泽东以及他身边的人为例，当他们在延安时就有机会思考一旦获取政权该怎么做。纳尔逊·曼德拉是另一个好例子。

金大中是这些除了有智慧，还经历了艰难时期并有时间思考这些问题的特殊人物中的一员。他希望采取足够大胆的措施来达成自己的愿景，而且非常自信。由于随时有可能被杀害，他曾在很长时间内直面死亡。在这些问题上，他会采取强硬立场。我认为金大中努力打破朝韩僵局将会带来长期影响，正如金大中大胆改善韩国与日本的关系所造成的影响那样。

很多日本人意识到朝鲜半岛局势稳定符合自身利益。我不同意有些西方政策分析人士所假设的那样，即日本希望朝鲜半岛保持分裂以达到自己的目的。有些在日本的人士从战略立场来看待这些问题时，可能会说继续分裂符合日本利益，但是日本领导人明白试图减缓朝鲜半岛人民想要重新统一的进程是不明智的。朝鲜半岛的稳定对日本非常重要，日本领导人也知道朝鲜半岛只有统一才会稳定。

第十章　政府服务

　　我研究亚洲的大部分时间都是在哈佛大学度过的。期间，我深深感到哈佛大学在拓展知识前沿、提升全世界才智的领域扮演着重要的角色。《日本第一》出版时，哈佛大学开始建设所谓"核心课程"计划，并要求教师们去设计与之相适应的通识课程，而我被要求负责设计与外国文化有关的课程。我想制定一个符合"核心"要求的课程，因此就开设了一门有关东亚工业化的课程。

　　早在我的研究生时代，就记得当年的老师们如何将"西方工业社会"作为一个意涵单一的术语来使用，相信所有工业社会都理应是西方式的。当我开始教这门课的时候，日本已完成工业化，而韩国与中国台湾则在高速工业化的进程中。有趣的是：东亚的工业化进程与西方有什么不同？是否有两种工业化的基本模式？这些正是我希望探讨的问题。

为了准备这门课，我不得不花大量时间研究韩国、中国台湾、新加坡以及中国香港，并时常造访这些地方。

在哈佛时，我也为本科生设计了东亚研究项目，并在一九七二年至一九九〇年间亲自指导，充分利用了这个机遇。我们有很多好学生。我出身于一个具有强烈社区联系意识的俄亥俄小镇，因此也努力希望在哈佛的这些项目中培养社区意识。

在卡特总统执政时期，我就曾婉拒了为美国政府工作的机会。不过，一九九三年，我又有了一次在华盛顿特区为美国政府效劳两年的机会，职位是在国家情报办公室 [1]，负责东亚及太平洋地区的工作。这给了我一个获取美国外交政策决策、制定过程第一手资料的良机。

我的工作并不是制定政策。相反，主要是研究亚洲的局势动态，整合分析来自例如中央情报局、国防情报局、

---

1 国家情报办公室即中央情报总监办公室。2005 年前，中央情报总监由中央情报局局长兼任。"9·11"后美国对其情报系统进行了改造，新设立美国国家情报总监办公室，统筹包括中情局在内的 16 个情报机构，由国家情报总监统一领导。

国务院情报研究司、国家安全委员会等各类情报机构的信息。我深感自己有责任让身处决策层的领导人能实事求是地思考到底发生了什么。

在国家情报办公室工作期间，我学到了以下几条有关美国政府的经验教训。

第一，我认识到政治的力量有多强大。许多人只是理论上有了解，我则在实际行动中见识过政治的力量，因此印象也更深。在我看来，白宫副部长层级会议上有关东亚的讨论就足以显示政治力量可以强大到什么地步。这类会议的参会者包括国务院、商务部等各部副部长层级的官员。我则代表情报界负责东亚事务者出席。为了更好地进行说明，可以列举一个典型例子：

轮到我报告时，我会做一个两三分钟的简报，介绍亚洲眼下的最新动态。接着在某个时间点，会有人开口问道："我们如何跟国会处理这件事？"接着，大家会讨论上二十至二十五分钟。然后，又有会有人问："我们如何跟媒体处理这件事？"然后就又会讨论二十至二十五分钟。这会儿离会议结束大概还有五分钟。主持会议的官员会交代下属去起草一份会上讨论具体问题的政策文件并向所有参会者通报。实际上，在我看来，那些围绕具体问题、不同观点的讨论以及这些讨论对行政系统的影响，往往比外交政策本身还要重要。

第二，外国国家领导人与高官的外事访问，会引发一系列事件。较之过往，我更乐意看到有高层访问。正因为有高层访问，才会迫使官僚系统不得不在你向总统做简报、在你有立场报告之前，先达成内部共识。

此外，高层外访也是向政府高层通报某地区情况的良机。例如在我任内，总统曾计划赴印度尼西亚参加亚太经合组织会议。[1] 政府最高层领导人时间宝贵，不能只是递交一份一页纸的情况简报，还应该在他们真心愿意聆听时向他们提供信息。于是，亚太经合组织会议召开前的这段时间就被视为帮助我们高级官员了解相关议题的最佳时机。在准备简报时，可以将各方有关这个国家的重要信息整合起来并提交高层领导。我们自然会想到："这是一个为他们科普印度尼西亚的好时机。"

第三，贯彻提交"一页报告"的规矩对智识是一种很好的锻炼。最高层政府领导人有那么多问题需要处理，因此只有有限的时间来处理你的报告。"一页报告"迫使我在思考问题时更简单扼要。我必须考虑究竟哪个问题才是政府领导人应该知道的，而我又如何用尽可能精简而合乎

1　1994 年 11 月 15 日，在印度尼西亚茂物召开了第二届亚太经合组织领导人非正式峰会。

道理的语句呈现。

我发现准备一场简报会是一次非常具有挑战性的操练。令人沮丧的事情总是不断出现，很多时候我甚至都轮不到呈报自己的简报。我必须准备有关各种问题的资料，但很多时候根本没有人会问我这些问题，因为他们太忙了又或是更关心其他不同的议题。有时候为了第二天的情报报告不得不熬夜加班，但又被临时通知情况有变，会议取消。

第四，与国会打交道时总让人感觉非常沮丧。国会议员非常忙碌，当我们在国会委员会的会议上通报情况时，委员会的成员们可能在简报会开始时出现，但中途就离开了。跟其他委员会成员进行通报时，我必须反复重复不少之前的发言内容后才能继续。国会议员很少有时间来深究讨论中的各类线索。与我们共事的工作人员大都很聪明，但他们有时会陷入那些获取信息更多的官僚们的猜疑中。

第五，应对官僚体系中的人保持足够多的尊重。在情报界和诸如国防部这样的地方，我见识到不少睿智、敬业的官员。批判官僚们是容易的，但我认为他们中的大部分理应从现行官僚体系中获得更多的尊重与关注。

第六，有门路是很重要的。那些有门路接触拥有决策权的政府高层的人，拥有很大的权力，而"看门人"同样非常重要。我花了一段时间后才慢慢意识到这点的重要性。早些时候，我非常天真地为自己认识很多日本领导人而感到自豪。但这种洋洋得意吓到了我认识的两三位有门路接触最高决策层的人。结果他们并没有把我介绍给更高层的人，因为他们担心会因此丧失"看门人"的资格，而我只能通过官方正式渠道去拜见那些高官。

　　我先前提到过一位非常聪明的人就是理查德·阿米蒂奇[1]（Richard Armitage），当时他是助理国防部长。他告诫我，在很多灰色地带，没人知道究竟是谁负责，而你只要踏入这些灰色地带就自然而然能让事情起变化。他说，如果你占据这些地带，那么就会以为你是管事的，听你话来行事。我听取了他的建议，开始进入一些情报与政策之间的灰色地带，因为我觉得这能让我手头工作干得更好。

　　虽然我之后回到了私营机构，但多亏我在政府的工作经验，让我对政府的运作方式有了更好的理解，也认识了更多政府机构和决策圈的人。我希望自己年轻时就能知道

1　理查德·阿米蒂奇毕业于美国海军学院，早年参加过越战。里根政府时期曾担任助理国防部长。小布什政府时期，出任副国务卿。他是美国政界、学界首屈一指的东亚问题专家。

这一些，这样可以在教师岗位上干得更好。

在华盛顿特区时，我注意到政府高官时常遵循下属的建议行事，只要建议本身并不违反现行的政治判断，或是不会对其立场产生不利的政治影响。

一个人从当选总统到正式上任，总有一段过渡期。基辛格认为里根和克林顿在当选前对中国都非常强硬。但一旦进入白宫，他们就意识到他们不得不与中国共事，最终都与中国领导人紧密合作并建立了良好的关系。反过来，他们注定要承受外部人士的新批评，认为他们过于迁就对中国的主张。

尽管我没有资格去评价更早期的总统们，但我听说卡特总统喜欢参与政策细节制定的工作。里根总统的政策非常稳定，但对细枝末节的问题并没有兴趣。虽然我不同意里根的很多政策，但我必须说有一个作风稳定的领导人对国家来说是一个优势。里根的下属们明白他们肩负的期待是什么，他们就可以相应地作出决策，因为他们知道高层会采纳这些决策。

而在克林顿总统手下工作的官员会面临一个问题，就是他是一位自行其是的总统。他明天的想法与昨天的想法就可能不一样。如果你从积极面来看，那么克林顿就是睿智的，很快能适应全新的政治环境，只要他认为合适，就会从善如流，毫不犹豫。如果你从消极面来看，那么他手下的人往往没有明确的工作方针。他们很难驾驭政策，因为如果政治环境有变，他们就不晓得自己的决策是否仍能得到总统的支持。

如果你有明确的授权，并且你知道只要在既定政策框架下你的上级都会支持你的决定，那么你就能够做很多事情去管控问题、经营关系。里根总统就非常善于向下属提供这些便利。

老布什总统是一位有明确想法的专业人士。在担任总统前，他已经有了丰富的政府工作经验。当遇到高明的顾问时，他会听取他们的意见。他能够从他自己的经验出发，知道如何利用从他下属和顾问那儿获得的信息。

一般而言，任何一位像我这样第一次到华盛顿特区工作的人，都会有一个学习的过程，才能适应这个政治主导的环境。由此我能明白任命一个有在政府高层工作经验者的价值所在。

"奈—傅高义倡议"

当我回顾我的政府工作生涯（一九九三年至一九九五年）时，在我所参与的工作中，最重要的成果无疑是我和约瑟夫·奈（Joseph Nye）[1]以及其他人共同参与起草的协议。起草工作始于一九九四年的夏天，完成于一九九六年四月，旨在使美日在宏观的国家安全关系上达成协议。有些人称其为"奈倡议"，也有些人称为"奈—傅高义倡议"。

约瑟夫·奈常让我想起二十世纪七十年代我们还是哈佛大学青年教师的日子。自从他成为国际关系领域的专家后，他更关注欧洲与非洲问题，而每次遇到他时，我都会提醒他也应该多关注亚洲。奈总是对世界各地的情况充满好奇，并且喜欢对比各类国际关系专家们的观点。他一直明白，对国际关系专家来说，深刻了解他所研究的区域是多么的重要。多年来，我从奈那儿学到与国际关系有关的知识，但他自从向我请教日本、中国的问题后，他就会叫我"先生（せんせい）"。我比他年长，但我一直认为他是一位与我平等的同事，而不存在上下级关系。不过，一九九四年至一九九五年间我在美国政府的国家情报

1　作为国际政治学领域的权威学者、哈佛大学教授，约瑟夫·奈曾先后担任过卡特政府的助理国务卿、克林顿政府的国家情报委员会主席及助理国防部长。他所提出的"软实力"（Soft Power）、"巧实力"（Smart Power）等概念已成为各国所推崇的国际政治理念。他曾与阿米蒂奇一道为布什政府起草过对日战略的分析报告即《阿米蒂奇报告》，2009年奥巴马进入白宫。他曾获提名担任美国驻日大使。

委员会时，则是在他手下工作。我们都是在一九九三年去华盛顿特区的，也都在一九九五年回到了哈佛。他成了肯尼迪学院的院长，而我则成了费正清东亚研究中心的主任（一九七二年至一九七六年时我也曾是该中心的主任），之后又成为亚洲中心（人文与科学）的主任。这个中心是在槙原稔[1]等日本人士赞助下，于一九九七年成立的。奈和我回到哈佛后，就一直在亚洲问题研究上进行着合作。

一九八九年根据美国人文与科学院的要求，我组织了一个关于日本政治的学术研讨会，约瑟夫·奈参与了这次研讨会。

我们都认为这个研讨会非常有趣。奈是国际事务中心主任，第二年他问我是否能在国际事务中心也办一次一样的研讨会。于是，我就和约瑟夫·奈、苏珊·法尔（Susan Pharr）共同成为了组织者。一九九二年夏，奈作为阿斯彭战略研究所（Aspen Strategy Institute）[2]的成员问我，能否帮他组织一个为期一周左右的日本研究项目。所以可以说，在我们为政府服务前，就已经围绕亚洲安全问

1　槙原稔，历任三菱商事社长、会长、特别顾问以及东洋文库理事长。
2　阿斯彭战略研究所成立于 1950 年，是全美乃至全世界范围拥有极高知名度的非营利学术研究机构。对美国公共政策制定、政治领导人培养有着很大的影响力。

题做了很多思考。

一九九三年，约瑟夫·奈受邀去了华盛顿，成了国家情报委员会的领导。于是，他邀请我作为负责东亚的东亚情报官员加入国家情报委员会。奈的副手格雷戈里·特里弗顿（Gregory Treverton）和我是离开哈佛、加入奈团队的仅有的两个人。一九九四年初夏时，我开始意识到日本方面正在着手起草新的防卫大纲，这是近二十年来的头一遭。同时，我们也完全不清楚在这份未来五年的中期规划中，他们究竟对美国有何期待。

若无法妥善管控不确定性，就有可能导致不稳定性和重大错误。于是，在一九九四年约瑟夫·奈从国家情报委员会被调往国防部前，我向他提议，应就美日两国在后冷战时期在安全关系领域缔结新的协议进行考虑，我们围绕这项考虑展开了宏观层面的讨论。我觉得没有比我们预先考虑这类大方针更能让日本方面感到欣慰的了。

奈对我的提议表示赞同。即便是他去国防部后，我们仍就这个问题保持密切合作。当时他的职位是助理国防部长，这个职位有助于我们从国防政策角度去考虑与日本的关系。奈一去国防部，他负责日本事务的助手保罗·贾拉（Paul Giarra，往往与我所见略同）和我就花了一个周末的时间起草给奈的建议，这份建议也为之后的倡议定下了基调。靠着我在国家情报委员会的职权，我找了相当多官员咨询意见，例如东京的蒙代尔大使、拉斯特·戴明（Rust Deming）等，国务院的汤姆·哈伯德（Tom Hubbard），白宫的斯坦利·罗斯（Stanley Roth）以及其他一批精通防务政策的华盛顿退休官员，例如道格·帕尔（Doug Paal）、理查德·阿米蒂奇、迈克·阿马科斯特（Mike Armacost）。我也跟在华盛顿的日本外交官进行了沟通，尤其是栗山大使、饭村（Iimura）、石井（Ishii）、桥本（Hashimoto）、高见泽（Takamizawa）。此外，我还向包括前首相在内的几位日本政治家征询过意见，他们都是我之前所结识的。另一位在华盛顿、经常见面的老朋友是船桥洋一。在如何跟日本官员打交道方面，他总能给出很多优秀的建议。我意识到会打日本麻将在日本究竟有多重要，在华盛顿肩负重任后我想要多练习。我相信这对我帮助很大。无论在美国，还是在日本，我们都能与各类优秀的官员、退休的官员合作愉快。

当围绕这个日后被称为"一九九四年夏季倡议"的建议开始大范围磋商后，我们得知一九九五年九月美国国防部长将和他的日本同行举行会谈。而克林顿总统也计划在一九九五年十一月东京举行的亚太经合组织会议上与日本首相举行会谈。

我们一开始就计划这一系列大规模磋商的成果能在一九九五年九月的部长级会议上体现出来，并在克林顿访日时最终形成一份双边协议。奈与时任国防部长威廉·佩里关系紧密，所以能够保证我们的努力能与最高决策态度保持一致。一切尽在掌握般完美，直到一九九五年十一月，由于政府预算危机，克林顿总统不得不取消了访问。[1]克林顿总统认为眼前的预算危机使他不可能离开华盛顿，去参加亚太经合组织会议。

　　于是，一九九六年春，克林顿总统另行安排了一次赴日访问，在东京签署了重新定义双方安全领域合作关系的防务协议。而这份协议正是我们之前倡议的结果。我们认为这个协议对稳定双方关系助益极大，因为它明确了双方各自的需求。协议也是美日双方合作达到新高度并产生实质成果的一个标志。

　　奈和我都认为四十年来的美日同盟取得了成功，两国今后的同盟关系对保持区域稳定意义重大。无论是奈，还是我，也都不认为这是针对中国的。一九九四年至

1　1995 年 11 月，由于时任总统克林顿否决国会预算案，白宫与国会互不妥协，导致美国联邦政府不得不首次关门。在双方对峙五天后，克林顿同意今后七年平衡联邦预算的计划后，联邦政府才重新运作。然而，12 月后白宫与国会冲突再起，联邦政府再次关门直至次年1 月。

一九九五年间，我曾与一位中国政府高层官员保持经常性会面，让他知道我们的想法。无论是当时，还是现在，奈与我都坚信美日安全协议为区域稳定提供了保障。这既符合美国、日本的利益，同样也符合中国的利益。令人遗憾的是，华盛顿最高层的官员们没有与中国最高领导层充分讨论、沟通，导致中国政府认为美日协议就是针对他们的。奈和我都认为美日安全同盟日趋稳固后，美国下一项重大任务就是围绕双方的公共利益，与中国开展紧密合作。我们也认为日本能更积极地与中国开展合作，也是符合美国利益的。

一九九六年春天后，美国与日本继续发展出了一个总协议。令人欣慰的是，双方合作领域进一步拓展，树立了"政策指针"。库尔特·坎贝尔（Kurt Campbell），另一个哈佛人，奈在国防部时负责东亚事务的副手，在奈和我离开华盛顿后，继续推进相关工作，才有了这些成果。一九九六年春季中国台湾海峡危机后，中美关系虽有进展，但令人遗憾的是，由于台湾海峡的紧张状态以及一九九九年美国轰炸了中国驻贝尔格莱德大使馆，双方关系的发展并不算顺利。尽管如此，如跟日本那样，与中国进行紧密合作，仍旧符合美国利益。

尾　声

回顾与展望

过去几年里，我总是忙于行政事务：在政府工作两年，之后四年则在管理费正清中心和组建哈佛大学亚洲中心。我热爱我的工作、同事以及员工们。现在是时候把指挥棒交给有天赋的年轻一代了。我期待着二〇〇〇年七月从哈佛大学退休后，能有更多精力做研究。

退休后，我会继续住在马萨诸塞州的剑桥，那儿离我的办公室很近。我还会在同一间办公室里，但不必再担负正式的职责。

哈佛关于日本和中国的研究

哈佛大学在亚洲研究领域现在有一批很棒的教师、学生以及研究人员，而且势头良好。我认为我们现在是目前最好、最大的中国研究的团队。我们倒是需要有更多人加入日本研究的团队，当然我们现在已经有了不少很好的研究者。二十世纪的历史学家安迪·戈登（Andy Gordon），现在是赖世和学院的杰出领导者。柯伟林（William Kirby），已在哈佛历史系任主任多年，刚接替我成为亚洲研究中心的主任。当然，还有裴宜理（Liz Perry）执掌的费正清中心，现在已经专注在中国研究上。二战刚结束时，裴宜理在上海出生。她父母之后去了日本，她父亲生前在上智大学教了很多年书。尽管她在日本待了很久，主要的研究领域还是集中在中国。卡特·埃克特（Carter Eckert）与戴维·麦卡恩（David McCann）都是优秀的韩国研究者。中心的领军人物都是优秀的学者、好领导与暖心的伙伴。我们的行政主管夏滴翠（Deirdre Chetham）是我四十年来在哈佛亚洲研究领域遇到过最好的行政管理者，她非常清楚要如何在大学里经营一个中心，而且做得非常棒。我们的职员：乔恩·米尔斯（Jon Mills）、斯蒂芬妮·范佩尔特（Stefanie Van Pelt）、田文浩（Wen-hao Tien）、霍莉·安吉尔（Holly Angell）、Cuong Huang、欧娜·帕特里克（Oona Patrick）以及我的特别助理安娜·劳拉·罗索（Anna Laura Rosaw），都是优秀、有天赋与敬业的。费正清中心的图书馆馆员南希·赫斯特（Nancy Hearst）与亚洲中心的编辑约翰·齐默（John Ziemer）堪称"国宝"。我感到非常幸运还能继续与他们共事，还有研究者、访问学者们。我们研究人员之间洋溢着友谊。不过，我也不得不承认在上一代的学者中关系并没有这样融洽。

增进亚洲研究领域学者之间的关系

跟你们分享一个我老师约翰·佩尔泽尔（John Pelzel）教授跟我说过的小故事。一九六一年某天，佩尔泽尔教授走在街上，迎面遇到了费正清。佩尔泽尔教授打了个招呼，开口问道："有什么关于埃迪的好消息吗？"他问的是赖世和。"出什么事情了？"费正清反问道。"哦？他刚被提名为驻日大使了啊。"佩尔泽尔教授回答道。结果，费正清脸色足足铁青了三十秒。他坦承这个消息让他很震惊。最后，费正清讲道："这可不太妙。"

从这个小故事中，不难看出一个世代以前两大亚洲研究领军人物之间的关系。他们都是那个年代所造就的伟大导师和沟通者，对美国的中国研究、日本研究做出了巨大的贡献。他们都希望美国公众能理解亚洲。费正清缔造了研究机构，而赖世和承接了它。哈佛燕京学社与东亚中心之间的关系一度非常疏远。

　　我属于中间世代的学人，如今哈佛新一代亚洲研究领域的领军人物大多是四十岁至五十岁的年纪。这也不再是当年的小团体。十五年前，不少学者认为密歇根大学才是研究当代中国最好的地方，而哈佛如今有五位资深的政治学者从不同角度在研究当代中国（麦克法考尔、裴宜理、托尼·赛奇、江忆恩和黄亚生），而其他大学至多也就两位。我们有四位历史学教授专攻中国（杜维明、包弼德、孔飞力以及柯伟林），三位研究中国文学的教授李欧梵、宇文所安（Steve Owens）以及伊维德（Wilt Idema）。德怀特·珀金斯（Dwight Perkins）教授研究经济，萧庆伦关注公共卫生，法学有安守廉（Bill Alford），人类学有詹姆斯·沃森（James Watson）和凯博文（Arthur Kleinman）。而怀默霆（Martin Whyte）将接替我在中国社会研究方面的职位。

　　提到当代日本研究领域，不同的大学在不同领域各有优势。斯坦福大学有非常好的研究项目，历史学有彼得·杜斯（Peter Duus），政治学有冲本丹（Dan Okimoto），人类学有汤姆·罗伦（Tom Rohlen）。哥伦比亚大学有著名的"铁三角"：杰里·柯蒂斯（Jerry Curtis）、卡罗尔·格鲁克（Carol Gluck）和亨利·史密斯（Henry Smith）。在哈佛，安迪·戈登、入江昭与哈罗德·博莱索（Harold Bolitho）都是非常杰出的历史学家。苏珊·法尔建立了优秀的美日关系研究项目，并在相应的政治学研究领域贡献良多。我们还有两位被寄予厚望的历史学副教授丹尼尔·博茨曼（Daniel Botsman）、米卡埃尔·阿道夫松（Mikael Adolphson）。我们在其他专业领域也有一流的人才：宗教研究有海伦·哈达克（Helen Hardacre）、商学院的迈克·吉野（Mike Yoshino）、公共卫生学院的迈克尔·赖克（Michael Reich）。

波士顿地区多贤达学者，如日本研究界的梅里·怀特（Merry White），无论是中国研究，还是日本研究，都给予我们很大助益。

在哈佛，教职员选聘是一件非常重大的事情，整个过程非常缜密。做出聘用决定时，必须确保此人足够优秀。希望看到他出一本非常棒的学术著作，这并不是出于个人考虑，而是评判学术水平的基本标准。

行政管理者的目标

一九九五年，我从华盛顿回来后，诺尔斯校长请我去当费正清中心的主任，之后又被任命为新的亚洲中心的主任。我非常认真地去履行这些职责，因为我对我们中心和伟大的潜力充满信心，只要我们能善加利用自己的才智。一九八九年后我们与一些中国大学、研究中心的关系不再那么紧密。我希望重建这些关系。因为中国刚刚对外开放，这总让我想起二十世纪五十年代、六十年代大批日本人跑来美国，第一次见识到西方世界。

费正清中心的诸多前任更关注学术，对与国家领导人、政治领袖、商界领袖一同合作的兴趣不大。我觉得哈佛作为国家级乃至世界级的学府，在教导公众方面也有着巨大的责任。所以我非常努力地加强我们与中国各机构之间的联系，资助各类令人兴奋的智识活动。

一九九七年江泽民主席访问哈佛大学时，为了防止有抗议者打断活动，我们在准备时大费周章。我们确实是希望提升智识层面的讨论水准。

为了宣传提升我们中心的对外形象，我频繁旅行参加各类活动。四个月来这已经是我第四次去亚洲。相比高频度，我更喜欢每次待的时间能更长些。最近这些年，我在亚洲最长的一次旅行有一个月之久。

退休后的项目与计划

二〇〇〇年六月，我将正式结束教师生涯。退休后，我会继续致力于将中国、日本及美国联系在一起的研究。为了二十一世纪亚洲的繁荣，三大主要国家——中国、日本和美国，必须团结协作。我深感幸运，在中日两国都拥有广泛的人脉。对于提升三国之间的关系，我总感到有一份特殊的责任。自从开始研究中国和日本，我主要的工作就是试图教育美国人如何认识亚洲。我希望能在中国、美国都进行更多研究，如此我才能为美国贡献更多对于亚洲问题的洞见。我也想利用我们亚洲中心的"视野二十一计划"与亚洲研究者合作，在亚洲金融危机后一同推动新一轮工作。

我感到"时间不够用"。我手头上有太多正在做的事情。例如哈佛博士、来自高丽大学的金炳局 [1]（Kim Byung

---

1 金炳局的祖父是韩国著名报纸《东亚日报》创始人金性洙。金炳局自高中起就在美国留学，哈佛大学毕业后，在高丽大学政治外交系任教授。曾担任过李明博政府外交安保首席秘书官，后出任韩国国际交流财团理事长。

Kook），他是他那一代韩国政治学者中最杰出的学者之一。他正致力于编纂一套一九四五年后的韩国政治史。为此，他邀请了很多有为的韩国政治学者参与各章撰写。他告诉我这个庞大的研究计划会用军事统治时期后新发现的史料，因此可以写出有关战后韩国政治史更有趣、更有说服力、更复杂的故事。他邀请我作为主编之一加入这项丛书编写。我接受了他的邀请，二〇〇〇年八月时也会去韩国开始第一阶段的工作：三卷本的《朴正熙时代》。

金炳局的家族很有名。他的祖父创建了高丽大学和韩国最主流的报纸之一的《东亚日报》。我的任务是找到一定数量的外国学者来参与相关主题的学术会议，保证外国学者的研究质量。

由于我既会说中文，也能讲日语，所以会有各式各样的邀请来找我，根本无法一一应允。我希望每年能计划去这些地区三四次，每次能待上几个礼拜。

新的研究课题

一般来说，我需要花费三到五年的时间才能发展并完成一个庞大的研究项目。目前我在考虑进行研究的题目

有：思考日本，导致日本目前在转型期所陷入困境的原因
是什么？采取哪些战略措施能让日本摆脱困境？为了回答
这些疑问，我需要比现在更多的知识。我试着计划将研究
重点聚焦在日本的某几个区域，观察它们如何迎接全球
化。思考中国，我非常希望研究邓小平时代。除了他，没
人能重塑中国。许多美国人对中国充满偏见。由于研究的
关系，我与好几位中国高官保持着良好的关系，与哈佛的
中国人也关系亲密。这应该归功于江泽民主席的哈佛之行
非常顺利。

孩子们在他们各自生活中取得了进步

　　我的大儿子戴维是一位心理学家。你可以说他是追随
了我早年的研究兴趣和他母亲目前在心理卫生领域的成
就。我们在日本第一年时，他去了日本保育园，但之后他
没有机会在日本待很长时间。尽管如此，他对日本的种种
仍抱有浓厚的兴趣。目前他在认知与发展心理学领域进行
研究，为诊断患者的心理问题提供协助。他已经有了两个
讨人喜欢的儿子，一个十一岁、一个十三岁，我经常去看
他们并享受天伦之乐。

　　我的次子斯蒂文在加州大学伯克利分校成为了研究日

本政治的教授。罗伯特·斯卡拉皮诺[1]（Robert Scalapino）和查默斯·约翰逊[2]（Chalmers Johnson）都曾在伯克利教过书。斯蒂文希望自己的工作能充实伯克利日本方面的研究力量。他在昭岛的启明学院学习过两年半，毕业后去了普林斯顿大学。他曾为英文报纸《日本时报》工作过一年半，还在伊藤宗一郎[3]（也就是现在的众议院议长）的办公室实习过。由于他的日语足够好，所以《日本时报》允许他用日语采访，然后直接用英文写报道。之后，他去法国，在欧亚中心担任编辑助理，又学了法语。获得博士学位后，他在加州大学欧文分校以及哈佛大学先后教了两年和四年书。最终在伯克利得到了终身教职。他和他的妻子苏珊有一个五岁的儿子和一个一岁的女儿。

我的女儿伊娃致力于环保事业。她曾去日本的西町国际学校待了一年，从耶鲁毕业后跟着"和平队"去了拉美地区。在一篇论文中她曾写道：她希望帮助日本民众为环保做更多贡献，但她又指出应对日本文化和社会现状需要

---

1 罗伯特·斯卡拉皮诺，一译"施乐伯"，擅长日本问题与中国问题研究。曾为林登·约翰逊、理查德·尼克松、吉米·卡特三位美国总统担任过东亚政策顾问。

2 查默斯·约翰逊，美国日本政策研究所前所长、日本经济政策专家，著有名作《通产省与日本奇迹：产业政策的成长（1925—1975）》

3 伊藤宗一郎，新闻记者出身的日本政治家，先后13次当选众议员。历任防卫厅长官、科学技术厅长官、众议院议长。

有敏感性，找到合适的方法来推动。她现在是俄勒冈大学地理与环境方向的研究生，在环保领域有非常出色的研究项目。

通勤婚姻

一九七九年，我再婚了，夫人是艾秀慈，一位研究中国粤语文化的人类学教授。比我小十三岁。她毕业于哈佛大学，之后成为夏威夷大学攻读人类学的研究生。我们结婚后，由于她一时无法在波士顿地区找到一份全职的教职，所以去了俄亥俄州的凯斯西储大学。她所从事的比较人类学领域在那里研究力量是不错的。有趣的是，她出生在马萨诸塞州的剑桥，如今却去了俄亥俄州教书；而我出生在俄亥俄州，如今却在剑桥教书。不过，我们的"通勤婚姻"比外人想象的要好。

今年她休了学术假。二〇〇〇年我退休后，还会继续待在马萨诸塞州的剑桥，当然我也会常去俄亥俄。我的住处离办公室只有两分钟的路程，办公室也还是会如常去。我希望继续去见各国来的访问学者，我也打算花大量时间去日本、中国和韩国。

一九九三年至一九九五年我在华盛顿特区工作时，在国家情报办公室负责东亚包括东南亚地区的工作。因而我必须去了解越南、印度尼西亚、马来西亚和泰国，而过去仅是知晓而已。也许我成了一个"亚洲主义者"。我从研究家庭和社会起步，然后专注日本的政治、经济研究，接着又开始研究中国广东省。尽管我主要的研究聚焦于日本、中国和亚洲"四小龙"，但仍将亚洲作为一个整体来思考。

我的夫人希望我退休后可以更清闲些，我也会试着这样做。不过，她对此并无信心，因为她明白我还有太多感兴趣的课题希望去研究，太多的朋友想去拜访，还有太多亚洲的地方想去造访。

图书在版编目 (CIP) 数据

日本还是第一吗 /（美）傅高义（Ezra F. Vogel）
著；沙青青译 . —上海：上海译文出版社，2019.12
（傅高义作品系列）
书名原文：Is Japan Still Number One?
ISBN 978-7-5327-8310-6

Ⅰ.①日⋯ Ⅱ.①傅⋯ ②沙⋯ Ⅲ.①政治—概况—
日本 Ⅳ.①D731.30

中国版本图书馆 CIP 数据核字（2019）第 245390 号

IS JAPAN STILL NUMBER ONE?
by Ezra F. Vogel

图字：09-2018-057 号

日本还是第一吗	Ezra F. Vogel	出版统筹　赵武平
	［美］傅高义　著	责任编辑　陈飞雪
Is Japan Still Number One?	沙青青　译	装帧设计　宋涛

上海译文出版社有限公司出版、发行
网址：www.yiwen.com.cn
200001 上海福建中路193号
苏州市越洋印刷有限公司印刷

开本889×1194　1/32　印张5.5　插页5　字数77,000
2019年12月第1版　2019年12月第1次印刷

ISBN 978-7-5327-8310-6 /D·132
定价：45.00元